Erich Purk

Sehnsucht

Der spirituelle Fastenbegleiter

kbw bibelwerk

Sollte es trotz gewissenhafter Bemühungen in einzelnen Fällen nicht gelungen sein, die Rechteinhaber verwendeter Texte zu finden, bitten wir diese, sich gegebenenfalls mit dem Verlag Katholisches Bibelwerk GmbH in Verbindung zu setzen.

ISBN 978-3-460-27120-3

www.bibelwerk.de

Umschlag: Finken & Bumiller, Stuttgart
Titelbild: datacase.com
Satz: Rund ums Buch – Rudi Kern, Kirchheim/Teck
Druck und Bindung: Ludwig Auer GmbH, Donauwörth

Inhalt

Vorwort 7

Entbehrung und Verlangen –
Aschermittwoch bis 1. Fastensonntag *9*

1. Tag In der Entbehrung wächst das Verlangen 10
2. Tag Die Sehnsucht, ein anderer zu sein 12
3. Tag Exodus 14
4. Tag Zugvögel 16

Sandalen der Sehnsucht – 1. Fastenwoche *19*

5. Tag Die Sandalen der Sehnsucht 20
6. Tag Alles beginnt mit der Sehnsucht 22
7. Tag Geburtswehen 25
8. Tag Abenteuerlust der Pfadfinder 27
9. Tag Auf der Suche nach dem Gral 29
10. Tag Fehlgeleitete Sehnsucht 32

Codewort „Sehnsucht" – 2. Fastenwoche *35*

11. Tag Was ist Sehnsucht? 36
12. Tag Woher kommt die Sehnsucht? 38
13. Tag Sehnsüchte im Plural 40
14. Tag Leben als letzte Gelegenheit 42
15. Tag Schwangerschaft 44
16. Tag Fehlgelenkte Mystiker? 47

Ungestillter Durst – 3. Fastenwoche *51*

17. Tag Mein Leben – eine Entdeckungsreise 52
18. Tag Die Sehnsucht nach Liebe 54
19. Tag Der erste Blick der Liebe 57
20. Tag Um des Himmelreiches willen 60
21. Tag Hymnen an die Liebe 63
22. Tag Unter offenem Himmel 66

Vision – Schwester der Sehnsucht – 4. Fastenwoche *69*
23. Tag Die einzig wirksame Kraft gegen Resignation heißt Vision 70
24. Tag Aus der Traum und dennoch leben? 72
25. Tag Die Kraft der Visionen 74
26. Tag Wir sind Utopia 76
27. Tag Biblische Visionen 79
28. Tag Kundschafter der Sehnsucht 83

Gott suchen – 5. Fastenwoche *85*
29. Tag Gott, du mein Gott, dich suche ich (Ps 63,2) 86
30. Tag Die Wüste, der Ort der Begegnung mit Gott 89
31. Tag Gott allein genügt 92
32. Tag Mein Herz denkt an dein Wort: „Sucht mein Angesicht!“ 96
33. Tag Sternstunden 99
34. Tag Die Zeichen der Zeit deuten 102

Gottes Sehnsucht ist der Mensch – Karwoche *105*
35. Tag Heilsgeschichte ist eine Liebesgeschichte 106
36. Tag Jesus ist das Suchen Gottes nach uns Menschen 110
37. Tag Wege der Sehnsucht – Menschwerdung 113
38. Tag Gründonnerstag: Wege der Sehnsucht – die Eucharistie 116
39. Tag Karfreitag: Wege der Sehnsucht – das Kreuz 119
40. Tag Karsamstag: Lockruf der Liebe 121

Heute wirst du mit mir im Paradies sein *125*

Bildnachweis/Quellennachweis 128

Vorwort

„Das kann doch noch nicht alles gewesen sein.“ Diese Feststellung habe ich öfters von Menschen gehört, die nie auf Sparflamme leben mussten, die sich alles leisten konnten.
„Da muss noch Leben ins Leben“, meint der Liedermacher Wolf Biermann. Jeder Mensch trägt die Wunde Sehnsucht in sich. Sehnsucht ist die charmante Art Gottes, sich bei uns in Erinnerung zu halten. Die Stimme der Sehnsucht ist der „Lockruf Gottes“ für alle, denn wir sind für die Unendlichkeit erschaffen. Wilhelm Busch sagt es auf seine Weise: „Ein jeder Wunsch, wenn er erfüllt wird, kriegt augenblicklich Junge.“
Gegen eine satte Wohlstandsgesellschaft und gegen eine hungrige Erlebnisgesellschaft scheint die Sehnsucht den Menschen unserer Zeit den Horizont offen zu halten. Sehnsucht hat Konjunktur. Zugleich könnte das auch ihre Inflation bedeuten. Dann wäre sie nur eine Modeerscheinung und ein Produkt aus der alten Apotheke „Vertröstung“. Doch sie überdauert die Zeiten. Mein liebstes Wort zur Sehnsucht bete ich oft und immer wieder gern im Psalm 63: „Gott, du mein Gott, dich suche ich, meine Seele dürstet nach dir. Nach dir schmachtet mein Leib wie dürres, lechzendes Land ohne Wasser. Darum halte ich Ausschau nach dir.“
Dies ist nur die Antwort auf Gottes Sehnsucht nach uns. Der heilige Augustinus schreibt im 4. Jahrhundert: „Gottes Leidenschaft ist der Mensch.“ Mir klingt der Titel eines Songs unserer Tage im Ohr: „Ich bin die Sehnsucht in dir.“
Sehnsucht passt in die Fastenzeit. Denn in der Entbehrung wächst das Verlangen. Wer aus der Sklaverei befreit werden will, muss die „Fleischtöpfe Ägyptens“ verlassen. Die Fastenzeit ist eine gute Gelegenheit, die Kräfte der Sehnsucht in uns neu zu entdecken. So wünsche ich den Leserinnen und Lesern, dass dieses kleine Buch ihr spiritueller Begleiter sein kann.

Ihr
Pater Erich Purk

Entbehrung und Verlangen

1. Tag

In der Entbehrung wächst das Verlangen

Rätselhafter Mensch, nach den tollen Tagen des Karnevals lässt er sich Asche auf sein Haupt streuen. Rätselhafter Mensch, gesättigt mit Lust und Sinnenfreude ist er wieder offen für Fasten und Verzicht, um dem Überdruss zu entgehen. Rätselhafter Mensch, der sich immer wieder in Sackgassen verläuft und umkehren muss. Ratloser Mensch, der befürchtet, dass sein Optimismus doch nur ein Betäubungsmittel ist. Deshalb ist es weise, die Fastenzeit zu nutzen, die Bilanz zu überprüfen und nicht vor sich selbst wegzulaufen.

Die Fastenzeit, die 40 Tage zwischen Aschermittwoch und Ostern, ist für mich die Einladung, mein Leben tiefer zu bedenken, den Blick nach innen zu richten und neue Quellen zu erschließen.

Ich möchte in dieser Fastenzeit versuchen, die Kräfte der Sehnsucht in mir freizulegen. Ich möchte mich berühren lassen von den Worten des Psalmsängers: „Gott, du mein Gott, dich suche ich. Meine Seele dürstet nach dir. Nach dir schmachtet mein Leib ..." (Ps 63,2f) Ich möchte versuchen, Götzen zu entlarven, die meinen Durst und Lebenshunger mit billiger Nahrung abspeisen. Ich möchte entdecken, wo mein Streben fehlgelenkt wird.

Umkehren, sich bekehren heißt die Herausforderung der österlichen Bußzeit. Fasten und Verzichten sind hilfreiche Wege, um etwas zu verändern. Das Fasten wurde wiederentdeckt. Fast jede Zeitschrift berichtet über Heilfasten und Diätkuren. Von Ärzten empfohlen, von anderen abgelehnt, hat jeder vierte Bürger unseres Landes das Fasten ausprobiert.

In einer übersättigten Konsumgesellschaft versucht man, nicht nur mit dem Übergewicht, sondern auch mit dem Überdruss fertig zu werden. Durch Fasten will man das Gewicht reduzieren, den Körper entschlacken und entgiften und die Sinne neu wecken. Die festgefahrenen Gewohnheiten können sich ändern. All dies ist eine Frucht des Fastens. Verzicht ist eine Art „Katalysator", durch den erstaunliche Wandlungsprozesse aus-

gelöst werden. Wichtiger aber ist, dass Fasten ein Weg nach innen ist. Denn oft wird unser Glücksstreben fehlgelenkt und unsere Sehnsucht müde und bequem. Die Werbung macht uns zu Konsumenten, die bald feststellen, dass man erfülltes Glück nicht einfach kaufen kann.
Fasten bedeutet nicht hungern, sondern neuen Geschmack gewinnen. Das habe ich in Fastenexerzitien, die ich seit 25 Jahren am Aschermittwoch beginne, immer wieder erfahren. Nach einer Woche Verzicht auf jede Nahrung erlebe ich jedes Mal, wie mein Geschmackssinn neu geweckt wird. Der erste Apfel ist für mich dann wie ein Festmahl. Durch Verzicht gewinne ich Lust am Essen und Appetit auf Leben.
Wer sich zu jeder Zeit alle Leckerbissen vorsetzen lassen kann, wird übersättigt. Wer zu jeder Zeit alles haben kann – importiert aus fernen Ländern, gezüchtet in Gewächshäusern – ebnet alle Unterschiede ein. Wenn aber nicht alles zu jeder Zeit zur Verfügung steht, wird das Entbehrte kostbar und begehrenswert.
In der Entbehrung wächst das Verlangen. Der Arme möchte reich sein. Der Kranke möchte gesund sein. Der Hässliche möchte schön sein. Der Gefangene möchte frei sein. Der Schuldige sehnt sich nach Versöhnung. Gibt es noch etwas, wonach ich verlange? Oder bin ich satt und selbstzufrieden, mit alltäglichen Lustbefriedigungen ganz gut beschäftigt?
Das ist der Sinn der Fastenzeit: Bewusst Verzicht zu leisten, damit die Sehnsucht meines Herzens nicht unter dem Müll des Konsums begraben wird. Den Hunger meiner Seele und den Durst nach Spiritualität möchte ich in den 40 Tagen bis zum Osterfest spüren. Denn ich bin auf der Suche, die harte Kruste oberflächlicher Befriedigungen zu durchbrechen und die echten Lebensquellen neu zu entdecken.

Wort in den Tag

Der Mensch lebt nicht vom Brot allein, er stirbt am Brot allein.
(Dorothee Sölle)

2. Tag
Die Sehnsucht, ein anderer zu sein

„Ein Mann, der seinen Bekannten lange nicht gesehen hatte, begrüßte ihn mit den Worten: ‚Sie haben sich gar nicht verändert.' ‚Oh!', sagte dieser und erbleichte." Die Reaktion des Mannes ist nicht typisch. Wenn man älter wird, hört man sogar gern: „Sie haben sich gar nicht verändert."

In Wirklichkeit wird heute von jedem verlangt, dass er sich ständig ändert. Mobilität und Lernfähigkeit werden von uns gefordert. Die Erfahrung des Alltags und der Arbeitswelt ist doch die: Wer allzu lange am Alten festhält, gerät in Rückstand. Mangelnde Beweglichkeit und Elastizität bringen Nachteile. Wer zum Beispiel mit der Mode Schritt halten will, muss so ziemlich jedes Jahr umdenken. Am Arbeitsplatz muss man sich auf neue Verfahren und Maschinen einstellen. Wer das nicht schafft, bleibt auf der Strecke. Erziehungsmethoden und Ausbildungsformen ändern sich ständig. Die Angst sitzt tief, nicht mithalten zu können, isoliert zu werden, die Angst, auf weiter Flur zurückzubleiben, während die Musik, nach der alle tanzen, längst weitergezogen ist. Wer unbeweglich wie ein „Nesthocker" hinterm Ofen sitzen bleibt, erstarrt und verkalkt.

Aber es gibt auch diese Erfahrung: Es fällt mir schwer, mich immer wieder umzustellen. Es gibt eine Tendenz in mir, bei dem zu beharren, was sich bewährt hat. Wenn ich meinen Tag anschaue, ist fast jeder Handgriff Routine, vom Zähneputzen bis zum Autofahren. Diese Gewöhnung entlastet mich auch. Denn die Bereiche, wo ich lernfähig und beweglich sein muss, nehmen rasch zu. Wenn ich wieder vor einem neuen Automaten stehe, um eine Fahrkarte zu ziehen, erfahre ich meine Grenzen. In der Fastenzeit können wir die zeitgemäße Tugend, wandlungsfähig zu bleiben, einüben. „Man müsste eigentlich ...!" Wie oft habe ich meinen Tag so begonnen? Man müsste eigentlich einmal aus diesem Betrieb heraus. Man müsste einmal ein anderer werden. „Manchmal", so erklärte mir ein Bekannter, „leide ich unter dem stumpfsinnigen Trott des Alltags, immer die gleiche Leier. Von Veränderungen kann ich nur noch träumen."

Solange einer seinen Trott noch merkt, hat er Chancen, etwas zu ändern. Hat er sich aber darin festgefahren, kostet es enorme Kraft, dem Trott zu entkommen. Ein neuer Aufbruch wäre nötig – ein neuer Anfang!
Die Fastenzeit ist die Einladung an uns, wieder anzufangen, beweglich zu bleiben. Darin liegt die Möglichkeit zu mehr Lebensqualität. Die Fastenzeit fordert uns auf mit dem Wort „Metanoeite!“ – „Bekehret euch!“ Es geht nicht darum, Hausputz zu halten und ein paar Schönheitsreparaturen zu machen. Es geht darum, der tiefen Sehnsucht in uns, anders zu sein, Raum zu geben. Wir sind nie fertig und am Ziel. In uns liegt Größeres. Wir haben uns vor uns. Wir strecken uns nach Vollendung aus. Das ist die Unruhe in uns, die Sehnsucht, ein anderer zu werden.
In der Fastenzeit möchte ich dieser Unruhe Raum in meinem Leben verschaffen. „Eigentlich müsste ich doch ...“ Ich bin ein Sucher eines Weges, der mehr ist als das Bankkonto, der Kühlschrank und das Fernsehprogramm. Ich bin ein Sucher eines Weges, der mehr ist als Karriere, Erfolg und Herzinfarkt. Ich bin ein Sucher eines Weges, der mehr ist als Lust und Frust. Ich bin ein Sucher eines Weges, der mehr ist als ich.

Wort in den Tag

Ich bin Sucher eines Weges – für mehr als mich.
(Günter Kunert)

3. Tag
Exodus

Heimweh tut weh. Das habe ich als Schüler erfahren. In einem Zeltlager vermisste ich zum ersten Mal schmerzhaft die Eltern und Geschwister. Die Trennung beim Heimweh, die Sehnsucht beim Fernweh können Kummer bereiten. In beiden Fällen ist man nicht dort, wo man sein möchte. Beim Heimweh vermisst man das vertraute Zuhause, beim Fernweh ersehnt man den Ort seiner Träume. Heimweh und Fernweh sind Gefühle und Kräfte, die uns beweglich halten.

„Solange die Kinder klein sind, gib ihnen Wurzeln, sind sie älter geworden, gib ihnen Flügel“, sagt ein Sprichwort aus Indien. Wurzeln oder Flügel? Sesshaftigkeit oder Wanderschaft? Heimat oder Fremde? In diese polare Spannung ist jedes menschliche Leben gestellt. Wir brauchen ein Zuhause, und doch sind wir Pilger und wandern ohne Ruh.

Die Fastenzeit ist für mich wie ein Appell, zu neuen Ufern aufzubrechen. Wenn die Israeliten sich damals bei den „Fleischtöpfen Ägyptens“ satt und zufrieden festgesetzt hätten, dann wären sie ein Sklavenvolk geblieben. Sie aber brachen auf und wagten das Abenteuer der Wüste. Der Exodus – der Aufbruch – wurde zur Voraussetzung der Heilsgeschichte.

Der Exodus ist auch das Urerlebnis des Glaubenden. „Geh!“ heißt das Wort, das Gott zu Abraham sprach. „Geh!“, das ist die Lebensmelodie des Glaubenden. Auszug aus dem Gewohnten, Abschied vom festen Standort, sich immer wieder auf den Weg machen. Augustinus schreibt: „Du bist tot an dem Tag, da du sprichst: es ist genug! Darum geh immer vorwärts, sei immer unterwegs!“

Die Heilsgeschichte lehrt uns: Aufbrechen ist Voraussetzung, Gott zu begegnen, denn Gott begegnet uns nur im Aufbruch. Jahwe ist der mitgehende Gott, der Weg-Gott der Nomaden, der sein Volk immer wieder auf den Weg ruft.

Jedes Sesshaftwerden ist oft der Beginn einer Glaubenskrise. Der Sesshafte richtet sich ein hinter dem „Ofen der Bequemlichkeit“. Die Probleme löst er in eigener Regie. Seine Wünsche

erfüllt er sich selbst. Seine Sehnsucht erstirbt. Sie lässt sich mit Billigprodukten abspeisen.
Mein Glaube darf nicht bürgerlich werden. Ich darf mich nicht häuslich einrichten wie jene, die nur bewahren wollen, die Selbstzufriedenen, die nur ihre Pfründe verteidigen. Wer glaubt, ist wie ein Pilger unterwegs. Der Weg und nicht die „feste Burg“ ist der Ort des Glaubenden.
Die Fastenzeit soll mich herausholen aus meinem gemütlich eingerichteten Schneckenhaus. Nur wenn ich aufbreche und mich neu auf die Suche mache, wenn ich die alten Trampelpfade verlasse, werde ich neues Land entdecken.
Meine Aufmerksamkeit möchte ich noch einmal auf zwei Sätze richten: „Jedes Sesshaftwerden ist oft der Beginn einer Glaubenskrise.“ Und: „Aufbrechen ist Voraussetzung, Gott zu begegnen, denn Gott begegnet uns nur im Aufbruch.“

Wort in den Tag

Ein Gedicht von Andrea Schwarz

hinausgetrieben
sehnsuchtsvoll
mich lösen
lassen

mich nicht einrichten
nicht sesshaft werden
mein Herz
an nichts und alles hängen

zur Nicht-Heimat
frei werden
weil ich nichts festhalten muss

und mich beheimaten
in dem
der aus Liebe zu uns
heimatlos wird

4. Tag

Zugvögel

Als ich vor kurzem Wildgänse am Himmel beobachtete, musste ich an das bekannte Wort des heiligen Augustinus denken: „Unruhig ist unser Herz." Sind wir Menschen wie Zugvögel?
Dicht an dicht flogen die Wildgänse nebeneinander her, in einer heiligen Ordnung. Nur in einer Gruppe erreichen sie ihr Ziel. Jeder fliegt einmal vorne und dann wieder im Windschatten der anderen. Weite Strecken überwinden sie, indem sie die Führung der Gruppe wechseln. Ein einzelner Zugvogel würde bald ermüden. Woher aber wissen sie ihr Ziel? Sie sind wochenlang unterwegs und verirren sich doch nicht. In ihrer innersten Seele wissen sie, wo sie zu Hause sind. Es ist, als ob ein Kompass in ihrem Blut steckt, der ihnen mit traumhafter Sicherheit den Weg zeigt. Noch immer haben die Wissenschaftler nicht erforscht, wie dieser innere Kompass sie leitet.
Ist auch im Menschen eine Unruhe, die ihn immer neu nach der Heimat suchen lässt? Ich nenne diese innere Unruhe Sehnsucht. Wir sind für die Unendlichkeit erschaffen. Wir geben uns mit dem Erreichten nicht zufrieden. In uns ist ein Heimweh, das uns zum Aufbruch drängt. Der Kompass in uns lässt uns das Ziel unserer Sehnsucht erahnen. Der Horizont ist nur die Grenze des Sichtbaren. Hinter dem Horizont eröffnen sich unendliche Räume des Lebens.
Die Sehnsucht ist der Antrieb, der viele zu Zugvögeln macht. Sie halten es zu Hause nicht aus. Warum reisen die Leute heute so gern? Der heilige Augustinus gibt schon im vierten Jahrhundert die Begründung: „Das unruhige Herz ist die Wurzel der Wanderschaft. Im Menschen lebt eine Sehnsucht, die ihn hinaustreibt aus dem Einerlei des Alltags und aus der Enge seiner gewohnten Umgebung. Immer lockt ihn das andere, das Fremde. Doch alles Neue, das er unterwegs sieht und erlebt, kann ihn niemals ganz erfüllen. Seine Sehnsucht ist größer. Im Grunde seines Herzens sucht er ruhelos die ewige Heimat. Alle Wege, zu denen der Mensch aufbricht, zeigen ihm an, dass sein ganzes Leben ein Pilgerweg zu Gott ist."

Wir sind wie Zugvögel, die aufbrechen, denn es reicht uns nicht, im Hühnerhof Körner zu picken. Wir spannen die Flügel auf und überwinden alle Grenzen und Zäune. Wir brechen aus den Käfigen aus. Die Weite des Himmels entspricht unserem inneren Ruf.
Die Zugvögel sagen mir, dass Gott ganz tief in uns lebt. Die Unruhe der Seele lässt uns aufbrechen, die Sehnsucht treibt uns weiter, und im Herzen zieht es uns zu ihm, so wie es die Wildgänse in die Heimat zieht. Die Sehnsucht ist die charmante Art Gottes, sich bei uns in Erinnerung zu halten.

Wort in den Tag

Die Sehnsucht ist die charmante Art Gottes,
sich bei uns in Erinnerung zu halten.

Sandalen der Sehnsucht

5. Tag

Die Sandalen der Sehnsucht

Gedichte sind dichte, konzentrierte Aussagen. Sie sammeln die Botschaften, wie das Licht im Brennspiegel gesammelt und gebündelt wird. Ich liebe Gedichte bei soviel Palaver und Wortgetöse jeden Tag. Gedichte sind wie Seismographen, die die Schwingungen unserer Zeitgeschichte wiedergeben.
Zur Ouvertüre möchte ich Sie einladen, sich dem Thema „Sehnsucht" mit ausgewählten Texten der Literatur zu nähern. Das Gedicht von Käthi Hohl-Hauser mag ich besonders gern. Denn das Bild von den Sandalen sagt genau, was es auf sich hat mit der Sehnsucht.

Die Sandalen der Sehnsucht

ich wusste nicht wer sie
mir heimlich angezogen
die Sandalen der Sehnsucht
aber ich ging in ihnen
ging, ging, ging

sie wuchsen mit mir
wurden dünn und schmiegsam
die Sandalen der Sehnsucht
wir saßen unterm Tulpenberg
im Farnwald
unter dem Sprühregen
mitten im Regenbogen
die Sandalen der Sehnsucht und ich

wo sind sie jetzt, wo?
sie müssen in mir sein
sie tragen mich durch
das Sumpfland Zweifel
und die Sandöde Trauer

sie tragen immerzu
immerzu ihm zu
der sie mir heimlich angezogen
die Sandalen der Sehnsucht
Käthi Hohl-Hauser

Die Sehnsucht ist unser Wegbegleiter auf der Pilgerstraße unseres Lebens. Am Anfang zieht uns einer die Schuhe an, damit wir aufbrechen über Täler und Höhen, die Spur unseres ureigenen Weges zu entdecken. „Du wirst des Weges geführt, den du wählst", ist ein Wort, das ich gerne zitiere. Wir müssen uns selbst entscheiden, und doch ist das Glück nicht nur Ergebnis unserer eigenen Anstrengungen.
Die Sandalen werden schmiegsam und dünn. Die Sohlen verschleißen. Enttäuschungen machen uns müde und mürbe. Den Vorrat an Sehnsucht muss man hüten und pflegen. Deshalb ist es wichtig, dass wir uns an Stunden des Glücks erinnern. „Regenbogen" und „Tulpenberg" sind die Bilder der Glückseligkeit. Sehnsucht muss sich verinnerlichen, wird zur Quelle, aus der man in Dürrezeiten schöpfen kann. Sie trägt über das Sumpfland Zweifel und durch die Wüstenerfahrungen unseres Lebens. Die Sandalen der Sehnsucht tragen uns immerzu. IHM zu, der sie uns angezogen hat. Gott ist das Ziel unserer Pilgerfahrt. Und Er hat uns die Sehnsucht ins Herz gelegt. Denn „unruhig ist unser Herz, bis es ruht in Gott." (Augustinus).

Wort in den Tag

Nur wer geht auf dem Pilgerweg seines
Lebens, berührt die Orte des Glücks.
Den Vorrat an Sehnsucht musst du hüten und pflegen!

6. Tag
Alles beginnt mit der Sehnsucht

Alles beginnt mit der Sehnsucht,
immer ist im Herzen Raum
für mehr Schöneres, für Größeres.

Das ist des Menschen Größe und Not:
Sehnsucht nach Stille,
nach Freundschaft und Liebe.

Und wo Sehnsucht sich erfüllt,
dort bricht sie noch stärker auf.

Fing nicht auch Deine Menschwerdung, Gott,
mit Sehnsucht nach dem Menschen an?

So lass nun unsere Sehnsucht damit anfangen,
Dich zu suchen,
und lass sie damit enden,
Dich gefunden zu haben.

Nelly Sachs

Dies Wort wurde und wird oft zitiert: „Alles beginnt mit der Sehnsucht." Dieses Wort ist die Grundthese, die man nicht mehr hinterfragt. Die Sehnsucht ist die Quelle des Lebens, der Ursprung der Liebe, die Kraft, die über alle Horizonte hinausführt. Aus der Sehnsucht werden alle Wünsche geboren, alle unersättlichen Triebe gespeist, und das Streben nach Glück wird auf die Unendlichkeit ausgerichtet.

„Immer ist im Herzen Raum für mehr, für Schöneres, für Größeres." Wir Menschen überschreiten Grenzen, sind für die Unendlichkeit erschaffen. Ich habe es aus dem Mund von Gesprächspartnern mehrmals gehört: „Es muss doch noch etwas mehr geben!" Ja, „es muss mehr als alles geben."

Das ist die Spannung in unserem Leben. Nelly Sachs sagt: „Das ist des Menschen Größe und Not." Die Sehnsucht macht nicht satt und zufrieden, sie macht unruhig.
Es ist eigenartig: „Und wo Sehnsucht sich erfüllt, dort bricht sie noch stärker auf." Wilhelm Busch drückt das so aus: „Ein jeder Wunsch, wenn er erfüllt wird, kriegt augenblicklich Junge." Wenn man zum Beispiel mit einer Gruppe das Ziel der Reise erreicht hat, wird sicher einer fragen: „Und wohin fahren wir im nächsten Jahr?"
Der nächste Satz im Gedicht von Nelly Sachs kommt für mich überraschend: „Fing nicht auch Deine Menschwerdung, Gott, mit Sehnsucht nach dem Menschen an?" Als Jüdin sieht sie in der Inkarnation den Beweis, dass Gott selbst Sehnsucht nach uns Menschen hat. Der Bundesgott der Heilgeschichte genügt sich nicht selbst fern über den Wolken. Er hat ein leidenschaftliches Interesse an uns Menschen. Augustinus schrieb: „Gottes Sehnsucht ist der Mensch." Darüber möchte ich in dieser Fastenzeit noch intensiver nachdenken. „Gott suchen und ihn finden", das ist der tiefste Sinn und die Erfüllung aller Sehnsucht. Alles Glücksstreben hat ein unendliches Ziel.
Sehnsucht ist für Nelly Sachs das „Königswort", das die einzig mögliche Alternative ist zur Resignation, der einzig mögliche Ausweg aus der Verzweiflung. Sehnsucht ist für sie der einzig mögliche Versuch von Gott zu reden, trotz Auschwitz, das sie erlebt hat.
In der Tiefe des Weltalls ist die Sehnsucht die Kraft, die über alle Grenzen und Horizonte hinausführt. Verwesende Samenkörner bergen den Keim der Neugeburt, und Gräber sind nur Atempausen für die Sehnsucht.

Wort in den Tag

Wohin o wohin
du Weltall der Sehnsucht
das in der Raupe schon dunkel verzaubert
die Flügel entspannt ...
Wohin du Weltall der Sehnsucht ...
während die Seele zusammengefaltet wartet
auf ihre Neugeburt ...

Nelly Sachs

7. Tag

Geburtswehen

Aus der Sehnsucht der Raupe,
als Schmetterling
ihre Flügel ausbreiten zu dürfen,
aus der Sehnsucht
des Vogels im Käfig,
im Urwald von Ast zu Ast
zu hüpfen,
aus der Sehnsucht der Eisdecke,
als Welle tanzen zu dürfen,
aus der Sehnsucht der erloschenen Sterne,
noch einmal leuchten zu dürfen,
aus der Sehnsucht des Blinden,
sehen zu können,
aus der Sehnsucht
der Verfolgten,
Frieden zu finden,
aus Sehnsucht,
nur aus Sehnsucht
ist das Weltall aufgebaut.

Martin Gutl

Ein Bild der Sehnsucht: Aus der Raupe entwickelt sich der Schmetterling. Die Raupe wird zur Puppe, die den flatternden Falter entlässt. Die Raupe des Seidenspinners zum Beispiel spinnt sich aus Seidenfäden einen Kokon, in dem die Raupe sich dann verpuppt. Dann beginnt der aufregendste Moment im Inneren dieser Puppe. Aus der toten Haut schlüpft der vollendete Schmetterling und entfaltet seine wunderbaren Flügel. Noch heute gibt die Metamorphose der Schmetterlinge den Entwicklungsbiologen mehr als ein Rätsel auf. Ist ins Ei schon das Bild des Falters hineingelegt? Woher kommt der Trieb, die mühseligen Stationen der Verwandlung auf sich zu nehmen?
Ist in der ganzen Schöpfung eine Kraft, die zur höheren Entfaltung drängt? Trotz der Bedrohung durch Chaosmächte ist alles

auf Vollendung angelegt. „Aus Sehnsucht, nur aus Sehnsucht ist das Weltall aufgebaut."
Aber die Schöpfung seufzt und liegt in Geburtswehen. Ist das die kosmische Trauer, von der der Apostel Paulus im Römerbrief spricht? „Denn die ganze Schöpfung wartet sehnsüchtig auf das Offenbarwerden der Söhne Gottes. Die Schöpfung ist der Vergänglichkeit unterworfen, nicht aus eigenem Willen, sondern durch den, der sie unterworfen hat; aber zugleich gab er ihr Hoffnung: Auch die Schöpfung soll von der Sklaverei und Verlorenheit befreit werden zur Freiheit und Herrlichkeit der Kinder Gottes. Denn wir wissen, dass die gesamte Schöpfung bis zum heutigen Tag seufzt und in Geburtswehen liegt." (Röm 8,19-23)
Es ist eine Kraft in der Welt, die alles verwandeln will. Das ist die vierte Dimension, die wir nicht mehr sehen und erfassen können. Die aber dennoch wirkt. Es ist die österliche Dimension, die das Chaos und den Tod besiegt. In unserer Welt, die einmal vergeht, wirkt verborgen eine Kraft, die die Entwicklung vorantreibt. Das ist die Schau des Unsichtbaren, die Sehweise der Ewigkeit, der Glanz des Himmels, der die Dunkelheit unseres Herzens erleuchtet. Es sind die Kräfte der Sehnsucht, die uns am Leben halten. Es ist das „Leben in Fülle", das uns allen verheißen ist.

Wort in den Tag
Aus Sehnsucht, nur aus Sehnsucht ist das Weltall aufgebaut.
(Martin Gutl)

8. Tag

Abenteuerlust der Pfadfinder

Guy de Larigaudie, ein bekannter Pfadfinder, der sein Leben lang in einer unstillbaren Glückssuche fünf Kontinente durchstreift hat, schrieb kurz vor seinem Tod:

„Wie in einem Garten von Mauern umgeben,
bin ich in der weiten Welt spazieren gegangen.
Neugier und Abenteuerlust
trieben mich von einem Erdteil zum anderen.
Und ich habe mir dort meine Kindheitsträume
einen nach dem anderen erfüllt.
Den Park unseres alten Hauses in Paris,
in dem ich meine ersten Schritte gelernt hatte,
habe ich bis an die Grenzen der Erde erweitert
und das Spiel meines Lebens auf der Weltkarte genossen.
Trotzdem haben sich die Mauern des Gartens
um mich wieder zusammengezogen,
und ich befinde mich noch immer im Käfig.
Doch der Tag wird kommen,
an dem alle Hindernisse weichen werden,
und ich besitze das Unendliche!"

Ist auch in mir die Leidenschaft eines Pfadfinders? Ist meine Sehnsucht so groß, dass ich immer wieder aufbrechen muss? Warum reisen die Leute so gern? Was treibt sie in die Fremde? Warum nehmen sie die Strapazen des Weges auf sich?
Wohin ich auch gehe, die Welt ist wie ein Garten von einer unüberwindlichen Mauer umgeben. Alle Kontinente kann ich bereisen. Am Ende befinde ich mich immer noch im Käfig. Aber meine Sehnsucht überwindet auch dieses Hindernis. Denn für die Unendlichkeit bin ich erschaffen. Mein Horizont wächst mit mir. Ich klebe nicht fest an einem Ort. Wie weit ich auch reise, der Horizont in der Ferne berührt die Wolken des Himmels.
Das ist mein Anteil am Leben. Alles fließt dahin. Die Tage vergehen wie ein Seufzer. Je älter ich werde, umso schneller

scheint die Zeit zu vergehen. Ich möchte bleiben, wo ich bin, ein Zuhause, eine Heimat haben. Beides ist in mir: Wanderer oder Sesshafter, Pilger oder Besitzer. Weg oder fester Ort sind Symbole, die mein Leben deuten. Am Ende aber kann keiner bleiben, alle müssen wir aufbrechen, denn wir sind nur Gast auf Erden. Nicht Heimat, sondern Durchreise, nicht Aufenthalt, sondern Transit kennzeichnet diese Welt.

Der Weg hat ein Ziel ... Manche sagen: Der Weg ist das Ziel. Das Ziel kann doch nicht der Weg sein? Man möchte sich doch nicht nur im Kreis drehen wie der Läufer im Stadion. Die Radfahrer haben immer ein Tagesziel, und am Ende der Tour winkt der Siegespreis. Auch mein Lebensweg dreht sich nicht im Kreis, sondern mündet in ein Ziel. Es kann langsam vorangehen, wie ein Fluss langsam fließt und sich bei der Mündung ins Meer verströmt. Das Ziel ist wichtig. Auch ein Labyrinth als Symbol des Lebens hat eine Mitte. Ohne diese Mitte wäre es ein verwirrender Irrgarten.
Ich bin ein Pfadfinder. Ich habe keine Landkarte meines Lebensweges in der Tasche. Aber eine Ahnung, wo das Ziel meines Weges sein könnte.

Wort in den Tag
Ist auch in mir die Leidenschaft eines Pfadfinders?

9. Tag

Auf der Suche nach dem Gral

Gruppe Soma

Refrain
Du studierst oder jobbst,
du ziehst um, du flippst aus.
Aber das, was du suchst, ist es nicht.
Du probierst alles aus
kostest hier, schnupperst dort.
Doch der Gral, den du suchst, ist es nicht.

Du machst Urlaub in Portugal,
trampst nach Paris,
willst durch Kanada im Kajak
Refrain

Und du drehst dir 'nen Joint,
und du trinkst immer mehr
oder du fastest vierzehn Tage ...
Refrain

Und du hockst dich im Zen,
oder machst Therapie,
und den „Urschrei" lässt du kommen
Refrain

Du trittst aus der Kirche aus,
machst in Astrologie,
und ernährst dich vegetarisch ...
Refrain

Und du baust dir ein Haus,
zeugst ein Kind oder zwei,
und hast nebenbei 'ne Freundin
Refrain

Du hörst Bach und Pink Floyd,
schwärmst für Dali und Beuys,
sammelst irische Folklore ...
Refrain

Du studierst oder jobbst,
du ziehst um, du flippst aus.
Aber das, was du suchst, ist es nicht.
Du probierst alles aus
kostest hier, schnupperst dort.
Doch der Gral, den du suchst, ist es nicht.

WOLF BIERMANN

Das kann doch nicht alles gewesen sein

Das kann doch nicht alles gewesen sein,
das bisschen Sonntag und Kinderschrein,
das muss doch noch irgendwo hingehn, hingehn.

Die Überstunden, das bisschen Kies.
Und abends inne Glotze: das Paradies.
Darin kann ich noch keinen Sinn sehn,
– Sinn sehn.

Das soll nun alles gewesen sein.
Da muss doch noch irgendwas kommen.
Nein, da muss noch Leben ins Leben – Leben ...

Zwei Lieder beschreiben für mich gut, was Sehnsucht heute bedeutet. Sehnsucht nach Leben, nach authentischem Leben, nicht Leben aus zweiter Hand, wie die Werbung es beschreibt. „Da muss noch Leben ins Leben!“
Leben ist eine Versuchsstation. Tapfer sein und nur nicht aufge-

ben! Auf den neuen Versuch kommt es an. „Du probierst alles aus, kostest hier, schnupperst dort. Doch der Gral, den du suchst, ist es nicht."

Immer wieder brechen besonders junge Menschen wie Pioniere auf, um den Gralschatz zu finden, die kostbare Schale, gefüllt mit vollendetem Glück.

Vielfältig sind die Lebenswege und bunt die Lebensentwürfe. Das Wort „Entwurf" weist darauf hin, dass die Suche nie endgültig zur Ruhe kommt. Beim Entwurf bleibt immer ein Rest Offenheit und die Bereitschaft, die Pläne wieder zu verwerfen. Es ist uns Menschen eigen, neue Lebensentwürfe zu planen, um dem Traum vom „großen Wurf" näher zu kommen.

Mehrere Jahre habe ich als Cityseelsorger in Frankfurt gelebt. Zwischen den Bankentürmen liegt unser Kloster. Öfters habe ich von Menschen gehört, die sich alles leisten konnten, die nicht auf Sparflamme gelebt haben: „Es muss doch noch etwas mehr geben! Das kann doch noch nicht alles gewesen sein." Ihre Sehnsucht nach Leben und tieferem Glück durchbricht alle Horizonte. Auf Teneriffa haben sie ein Ferienhaus, vor Mauritius liegt ihre Jacht. Ihre Seele ist nicht satt, höchstens überdrüssig.

„Das soll nun alles gewesen sein.
Da muss doch noch irgendwas kommen.
Nein, da muss noch Leben ins Leben –"

Wort in den Tag

Da muss noch Leben ins Leben!

10. Tag
Fehlgeleitete Sehnsucht

Ich liebe Kurzgeschichten. Gute Kurzgeschichten bringen ein Problem auf den richtigen Nenner und deuten schwierige Sachverhalte. Sie sind wie ein Schlüssel zu der Schatzkammer unserer Erfahrungen.

Eine Geschichte von Peter Bamm spricht für mich ein wichtiges Problem an. Sie klingt etwas skurril und eigenartig, und doch geht das Thema, das diese Geschichte liebenswürdig erzählt, uns alle an: Die fehlgelenkte Sehnsucht.

Ein Herr geht durch eine stille Straße eines besseren Londoner Viertels. Am Eingang einer kleinen Villa sieht er, wie ein Mann sich bemüht, ein Pferd in den Hauseingang zu bugsieren. Er bleibt stehen, nach einer Weile sagt der Mann: „Wissen Sie, wenn Sie Zeit haben, könnten Sie mir eigentlich ein bisschen helfen." „Aber gern!" Sie bugsieren also zusammen das Pferd die Treppe hinauf. Als sie im ersten Stock angekommen sind, will der Herr sich verabschieden. „Aber nein", sagt der andere, „entschuldigen Sie vielmals. Das Pferd muss nämlich noch in die Badewanne." Nach einer weiteren halben Stunde haben die beiden das Pferd in der Badewanne verstaut. Es legt den Kopf auf den Rand und bleckt mit den Zähnen.

Als der Herr sich verabschiedet, fragt er höflichst: „Verzeihen Sie, ich möchte nicht indiskret sein, aber können Sie mir nicht verraten, warum das Pferd in die Badewanne muss?" „Ja", sagt der Mann. „Ich habe nämlich eine Freundin, die die Gewohnheit hat, immer nur: ‚Na und?' zu sagen. Schenke ich ihr ein Theaterbillet, sagt sie: ‚Na und?'. Schenke ich ihr eine Rivierareise, sagt sie: ‚Na und?'. Schenke ich ihr einen Brillantring, sagt sie: ‚Na und?'."

„Schon recht, aber was hat das mit dem Pferd in der Badewanne zu tun?" „Nun, in einer Stunde wird meine Freundin nach Hause kommen. Sie wird ins Badezimmer gehen, um sich die Hände zu waschen. Sie wird zu mir gestürzt kommen: ‚Um Himmels willen! In der Badewanne ist ein Pferd!' Und ich werde sagen: ‚Na und?'"

Sind es nur noch die Extreme wie ein Pferd in der Badewanne, die uns in unserem übersättigten Dasein noch berühren? Wir haben Capri und Venedig gesehen, wir können uns fast alles leisten, studieren Kochbücher, um unseren Gaumen mit einer noch ausgefalleneren Spezialität zu kitzeln, haben Freundschaften durchlebt und den Wechsel nicht gescheut, und was bleibt? „Na und?" Die Sattheit und die Lustlosigkeit bedrohen uns. Da hilft auch kein Bungee-Jumping, um einen neuen Kick zu erleben. Es ist schlimm, wenn alle Sehnsucht erstirbt und Überdruss uns bestimmt.

Wir möchten leben. Dieser Wunsch ist ganz stark in uns. Doch es bleibt die Sorge, dass wir das Leben verpassen könnten. Es gibt den Verdacht, dass alles Täuschung sei: Leben am Leben vorbei, Leben aus zweiter Hand. Die Werbung verspricht uns, wir könnten das Glück kaufen. Doch wir sind nur Konsumenten, längst verplant zu festen Preisen.

„Adam und Eva wurden aus dem Paradies vertrieben. Wir fliegen Sie jeden Tag hin." Was die Kirche über Jahrhunderte nicht geschafft hat, TUI schafft es täglich.

Für drei Wochen die Flucht aus der harten Wirklichkeit. Wir brauchen nicht mehr zu warten, die Erfüllung unserer Sehnsucht bietet sich täglich. Der Konsumgott führt seine Kinder ins Paradies. Da gibt es keine verbotenen Früchte. Da kann jeder sein Glück ohne schlechtes Gewissen genießen, wirklich alles inklusiv. Schließlich hat man es sich verdient. Man hat ja hart gearbeitet. Die Werbung verspricht das Blaue vom Himmel, und in den Bildern vom Paradies weckt sie Ursehnsüchte auf.

Die Gesichter der Menschen spiegeln diese Sehnsucht. Alle Welt trägt einen Wunsch in sich. Viele Wünsche, eine Unendlichkeit von Wünschen. Noch ein Gläschen, noch ein Stück Kuchen, noch einen Kuss, noch eine Reise. Alle Gesichter sind verwundet von diesem Hunger. In allem, was wir tun und erstreben, bleiben wir verführbar. Unsere Sehnsüchte werden fehlgelenkt, unsere Wünsche vermarktet und missbraucht. Aufmerksam möchte ich leben und darauf achten, wer meine Sehnsucht manipuliert.

Wort in den Tag

Gibt es das auch in meinem Leben: „Fehlgeleitete Sehnsucht"?

Codewort „Sehnsucht“

11. Tag
Was ist Sehnsucht?

Das deutsche Wort Sehnsucht ist kaum in andere Sprachen zu übersetzen. Auch das griechische Wort, das der Sehnsucht zugrunde liegt, hat nicht die Bedeutungsfülle, die der Begriff in der deutschen Sprache angenommen hat. Das griechische Wort „epithymia“ meint eigentlich Verlangen. Es kommt aus dem „thymos“, aus dem emotionalen Bereich. „Thymos“ heißt ursprünglich Luft, Sturm, das Bewegte und Bewegende, die Lebenskraft. Das griechische Wort meint ein heftiges Verlangen, das die ganze Vitalität des Menschen erfüllt.
In den Evangelien, die ja in griechischer Sprache geschrieben wurden, findet sich das Wort nur einmal. So benutzt es der Evangelist Lukas, wenn er Jesus sagen lässt: „Ich habe mich sehr danach gesehnt, vor meinem Leiden dieses Paschamahl mit euch zu essen.“ (Lk 22,15) Jesus spricht hier von der Sehnsucht seiner ganzen Person, von der Erregung des Herzens.
Das lateinische Wort „desiderium“ meint ursprünglich „Verlangen, Begehren“. Es hat offensichtlich mit „sidus“ – „Gestirn“ zu tun.
Die lateinischen Schriftsteller sprechen vom Feuer der Sehnsucht oder vom brennenden Verlangen nach etwas, das man nicht hat. „Desiderium“ ist „der Griff nach den Sternen“. Das Wort von Leonardo da Vinci wird heute noch gern zitiert: „Binde deinen Karren an einen Stern!“
Das deutsche Wort „Sehnsucht“ sagt uns in seinen Bestandteilen etwas anderes. Es ist zusammengesetzt aus: „Sehne“ und „Sucht“. Das erinnert uns an die „Sehne“, die gespannt ist, wenn der Mensch zum Sprung ansetzt. Die Bogensehne wird ganz gespannt, bevor der Pfeil abgeschossen wird. Sehnsucht ist also das innere Gespanntsein. Mit ganzer Energie wartet der Mensch auf den Sprung, um das zu greifen, worauf seine Sehnsucht zielt.
Und was bedeutet der zweite Teil des Wortes? Wenn wir das Wort „Sehnsucht“‘ hören, denken wir zunächst, das Wort habe sicher etwas mit „suchen“ zu tun. Aber es kommt nicht von „su-

chen", sondern von „siechen", krank sein, verwundet sein. Im Mittelalter nannte man die Krankenhäuser „Siechenhäuser". Vor Sehnsucht kann man krank sein und depressiv werden. Liebeskrank ist schon fast jeder einmal gewesen. Ist das vielleicht die Grundbefindlichkeit des Menschen, dass er in sich eine offene Wunde trägt? Die offene Wunde „Sehnsucht"? Woher kommt das?

Augustinus, der wie kaum ein anderer die Sehnsucht kannte und in seinen „Bekenntnissen" beschrieb, meint: Das ist so, weil Gottes Sehnsucht den Menschen anzieht. „Gottes Leidenschaft ist der Mensch." Ein unerhörtes Wort. Gott hat in seiner Liebe und in seiner Sehnsucht nach dem Menschen ihm diese Wunde Sehnsucht ins Herz eingepflanzt. Gott steht wie der Vater im bekannten Gleichnis vom verlorenen Sohn an der Tür seines Hauses und schaut nach uns aus, wann wir heimkehren. Von dieser Sehnsucht ist unser Herz verwundet. „Unruhig ist unser Herz, bis es ruht in Gott."

Gott ist im Innersten aller Kreatur verborgen und ruft uns. Er ist die Heimat aller Menschen. Die Sehnsucht bedrängt uns wie der Durst, den wir nicht stillen können, soviel wir auch „trinken", weil es uns nach immer mehr verlangt. Sogar fern von Gott bewahren wir in unserem Wesen eine Erinnerung an ihn, von dem wir ausgegangen sind. Wir sind wie die Fische, die im Aquarium noch immer eine Erinnerung ans Meer bewahren und sich jeden Tag im gleichen Rhythmus mit Ebbe und Flut bewegen, auch wenn sie meilenweit vom Meer entfernt sind.

Wort in den Tag

Ist das die Grundbefindlichkeit des Menschen, dass er in sich eine Wunde trägt? Die offene Wunde „Sehnsucht"? Woher kommt das?

12. Tag

Woher kommt die Sehnsucht?

In der Literatur, in der Anthropologie, in Filmen und Songs begegnen wir heute dem Thema „Sehnsucht". „Alles beginnt mit der Sehnsucht – immer ist im Menschen Raum für Größeres." „Das kann es noch nicht gewesen sein." „Es muss noch Leben ins Leben!" Wir sind Pfadfinder, wir sind Pilger, wir sind wie Zugvögel. So und ähnlich kehrte das Thema bisher immer wieder.
Woher kommt die Sehnsucht? Wird sie erworben, durch Erziehung anerzogen? Woher kommt dieser starke Drang in jedem Menschen, glücklich zu werden? Warum sucht er nach Sinn und Erfüllung? Und warum wird er nicht satt? Warum kann er seinen Hunger nicht stillen?
Ist die Sehnsucht angeboren nicht nur bei Eliten, sondern in jedem menschlichen Herzen tief eingewurzelt? Ist sie uns mit unserer Erb-Information und Gen-Konstellation mit auf den Weg gegeben? Sind die „Allmachtphantasien" eine Art „Gotteskomplex"? Manche leiden darunter. Leugnen allein erklärt das Phänomen nicht. Die Frage bleibt: Die Wunde „Sehnsucht" – woher kommt sie? Wer hat sie uns zugefügt?
Für mich ist die Antwort des heiligen Augustinus plausibel. „Das ist so, weil Gottes Sehnsucht den Menschen anzieht." Ja, ein unerhörtes Wort. Gott hat uns diese Wunde Sehnsucht ins Herz eingepflanzt. Wir sind von der Liebe berührt worden, als er uns erschaffen hat. Er hat uns gewollt und bejaht. Unseren Namen hat er in seine Hand geschrieben. Liebe ist immer eine Kraft, die anzieht. Nun ist unser Herz verwundet. Wir werden ein Leben lang nach der vollkommenen Liebe auf der Suche bleiben.
Gott ist für mich nicht einer, der fern über Wolken thront und sich selbst genügt. Wenn ich den Gott, wie ihn die Bibel mir zeigt, richtig verstanden habe, dann ist er „vom Himmel herabgestiegen um unseres Heiles willen." Und: „So sehr hat Gott die Welt geliebt, dass er seinen einzigen Sohn hingab, um uns zu retten." (nach Joh 3,16) Diese Liebe zieht mich wie ein Magnet an. Je näher ich ihm komme, umso stärker werden die Kräfte. „Alles in mir ist auf der Suche nach dir."

Tief in uns lebt die Sehnsucht, die den Menschen über alle Horizonte hinausführt. Augustinus wagt das Wort: „Sehnsucht ist der Anteil, der uns Gott ähnlich macht, weil die Sehnsucht maßlos ist."
Wir nennen die Sehnsucht Sinnsuche und Glücksstreben, Heimweh und Hunger nach Liebe. Wir leben, um das Leben zu suchen. Wir leben aus dem Durst nach Unendlichkeit. Sattheit und Überdruss dürfen die Sehnsucht nicht ersticken.
Christian Morgenstern beschreibt die Sehnsucht mit diesem Beispiel:
„Ich bin wie eine Brieftaube, die man vom Urquell der Dinge in ein fernes Land getragen und dort freigelassen hat. Sie trachtet ihr ganzes Leben nach der einstigen Heimat, ruhelos durchmisst sie das Land nach allen Seiten. Und oft fällt sie zu Boden in ihrer großen Müdigkeit, und man kommt, hebt sie auf und pflegt sie und will sie ans Haus gewöhnen. Aber sobald sie die Flügel nur wieder fühlt, fliegt sie von neuem fort, auf die einzige Fahrt, die ihrer Sehnsucht genügt, die unvermeidliche Suche nach dem Ort ihres Ursprungs."

Wort in den Tag

Ich möchte meine Flügel wieder spüren, um die einzige Fahrt, die meiner Sehnsucht genügt, fortzusetzen, die unvermeidliche Suche nach dem Ort meines Ursprungs.

13. Tag

Sehnsüchte im Plural

Sehnsucht ist die treibende Kraft für jede Entwicklung. Aber haben wir die eine große Sehnsucht aufgelöst in Sehnsüchte? Haben wir einen Plural daraus gemacht? Viele kleine, zerstückelte Sehnsüchte? Wir glauben, wenn wir unsere kleinen Begierden befriedigen, dann seien wir glücklich. Doch dieses Glück ist kurzlebig und wird sehr bald schal.
Unsere Erlebnis- und Spaßgesellschaft bringt immer neue Sehnsüchte hervor. Der Versuch, die geweckten Begierden zu stillen, hält jeden Konsumenten in Atem. Die Werbung verkauft nicht Produkte, sondern Sehnsüchte. Es braucht Kraft und nüchterne Überlegung, den Verlockungen zu widerstehen. Es braucht Ich-Stärke, um nicht süchtig zu werden.
Sucht entsteht, wenn die Sehnsüchte nicht erkannt und ernstgenommen werden. Die innere Leere und seelische Spannung versucht man mit einfachen Mitteln zu lindern. Süchtige können die Leere nicht aushalten. Sie brauchen kurzfristige Ersatzbefriedigungen. Sie müssen sich Lust verschaffen. Aber die befristete Befriedigung macht nicht zufrieden. Manche Süchtigen sind ständig damit beschäftigt, sich Geld zu beschaffen, um ihre Sucht zu stillen. Die Süchtigen sind unersättlich.
Wir leben in einer Suchtgesellschaft. Vielleicht sind viele der Süchte, die wir heute beobachten, Ausdruck verdrängter Sehnsucht. In der Öffentlichkeit werden ständig neue Bedürfnisse produziert, und die sofortige Erfüllung der Größenphantasien wird versprochen. Der Süchtige wird ausgebeutet. Alle scheinbaren Lösungen in der Suchtwelt sind nur Fluchtwege.
Die eine große Sehnsucht löst man in den Plural, in Sehnsüchte auf. Es gibt heute viele Möglichkeiten, so zu tun, als habe man alles erreicht. Aber die Sehnsüchte können zur Gier werden. Sie rauben uns die Freiheit und machen uns zu Sklaven der Sucht: Kaufzwänge und Esssucht, Karrierestreben und Abenteuerlust, Sexualtrieb und Machtstreben. Die bekanntesten Verführer sind Alkohol und Drogen. Das Ende vom Lied heißt nicht Glück und Erfüllung, sondern Abhängigkeit und

Zwang. Die vielen Suchtkliniken und Entwöhnungskuren zeigen, wie gefährlich das Spiel ist.
Die vielen Sehnsüchte und Wünsche können uns irreleiten, gaukeln uns falsche Ziele vor. Augustinus sagt dazu: „Suche, was du suchst, aber nicht dort, wo du es suchst."
In der Fastenzeit ist es sinnvoll darauf zu achten, worauf wir unsere Wünsche und Begierden richten. Viel ist erreicht, wenn uns bewusst wird, wofür wir unser Geld und unsere Zeit manchmal im Übermaß einsetzen. In der Fastenzeit kann man es mit einem „Trainingsprogramm" probieren und so seine Freiheit wiedergewinnen. Wer freiwillig verzichtet, wird frei und unabhängig.

Wort in den Tag
Suche, was du suchst, aber nicht dort, wo du es suchst.
(Augustinus)

14. Tag
Leben als letzte Gelegenheit

Die Erfüllung der Sehnsucht nach optimalem, leidfreiem Glück ist das Wichtigste, was die meisten Menschen in Europa erstreben. Zu diesem Ergebnis kam Paul Michael Zulehner von der Universität Wien, als er die große europäische Werteumfrage auswertete. Die Mehrzahl sind pragmatische Glückssucher: 85 % der Zeitgenossen verfolgen das Ziel, zu versuchen, das Beste aus dem Leben herauszuholen. Was uns in der Tiefe umtreibt, ist die Suche nach dem maximalen, leidfreien Glück.
Die Kraft der Sehnsucht ist in ihnen (noch) nicht zerstört. Da sie aber religiöse Analphabeten sind, müssen sie alles vom Diesseits erwarten. Der Verlust der Religion hat dazu geführt, dass sie nur noch mit der irdischen Lebenszeit rechnen. Ihr Leben ist ihnen gleichsam „die letzte Gelegenheit“. Früher war die Lebenserwartung 40 Jahre plus Ewigkeit. Heute nur noch 72 Jahre. Die Kulturforschung formuliert das so: Früher lebten die Menschen kürzer, aber insgesamt länger.
Heute rechnet man nicht mehr mit der Ewigkeit. Das nötigt uns, das Kunststück zu vollbringen, die maßlose Sehnsucht, die dem Menschen unheilbar angeboren ist, in kurzer Frist zur Erfüllung zu bringen, den Himmel auf Erden zu erzwingen. Dann sieht der Befund modernen Lebens so aus: „Lebten früher die Menschen unter offenem Himmel, so scheint heute vielen der Himmel verschlossen zu sein. Aus der möglichen Vertröstung aufs Jenseits wurde eine Vertröstung aufs Diesseits.“
Geschichtlich gesehen ist das der einmalige Versuch, den Himmel auf Erden zu finden. Solche Lebensart hat weit reichende Folgen. Man muss alles dransetzen, in befristeter Zeit alle Möglichkeiten auszuschöpfen. Man versucht deshalb, in Liebe, Arbeit und Amüsement optimal leidfreies Glück – und das in jedem Augenblick – zu erlangen. Das führt allerdings dazu, immer rascher und hastiger zu leben. Solches Leben wird anstrengend, anfordernd und schließlich überfordernd.
Aus der tiefsitzenden Angst um sich selbst fangen die Zeitgenossen an, den anderen als Lebenskonkurrenten zu sehen. Er

darf sich mir in meinem Streben nach Glück und Erfolg nicht in den Weg stellen. Daraus ergibt sich eine Kultur der Abwertung des anderen, die dauernd verurteilt, richtet und hinrichtet statt zu ermutigen und aufzubauen.

Wort in den Tag

Wer sein Leben als „letzte Gelegenheit" versteht, wird Mühe haben, das Wort des Evangeliums zu verstehen: „Wer an seinem Leben hängt, verliert es; wer aber sein Leben in dieser Welt gering achtet, wird es bewahren bis ins ewige Leben." (Joh 12,25) Von diesem unbequemen „Kontrastwort" lasse ich mich heute herausfordern: „Seid Sand, nicht das Öl im Getriebe der Welt!" (Günter Eich)

15. Tag

Schwangerschaft

Vielleicht ist unsere Sehnsucht nur Einbildung? Vielleicht ist auch Gott nur eine Projektion unserer Wünsche? In der Bibel heißt es: „Gott schuf den Menschen nach seinem Bild.“ Ludwig Feuerbach kehrte diese Aussage in ihr Gegenteil: „Der Mensch schuf Gott nach seinen Wünschen.“ Gottesverehrung ist seiner Meinung nach der menschliche Versuch einer Kompensation. Ist der Mensch sterblich, muss Gott unsterblich sein; ist er fehlbar, ist Gott allwissend. Die Idee Gottes kommt aus dem Menschen, der sein eigenes Mangelwesen in der Überhöhung zu Gott macht.

Verlängert der Mensch seine Wünsche und Träume ins Unendliche? Ist alles nur Projektion? Wenn einer alles als Projektionen erklärt, muss er sich die Frage gefallen lassen: Woher hat der Mensch die Fähigkeit zu projizieren? Wenn man einen Löwen satt füttert, kann man gelassen seinen Käfig betreten. Der Hunger des Menschen ist aber nie ganz gestillt. Der Mensch überschreitet alle Horizonte. Die Gitterstäbe des Käfigs können ihn nicht festhalten. Sein Geist hat Flügel. Die Hoffnung auf Befreiung hat viele in der Gefangenschaft überleben lassen, und der Traum von der Freiheit hat Geschichte geschrieben.

Es ist eine verkürzte Interpretation unserer Gesellschaft, sie auf die Bedürfnisse und deren Befriedigung zu reduzieren. Die Sehnsucht übersteigt die Bedürfnisstruktur. Wer sich vom Zwang eines reinen Bedürfnisdenkens nicht frei machen kann, wird Gott als eingebildete Erfüllung vereitelter Bedürfnisse kritisieren. Der Gott unseres Glaubens aber ist kein „Lückenbüßer“. Der „Gott unserer Hoffnung“ widersteht einer totalen Anpassung der Sehnsucht an unsere Bedürfniswelt.

Die biblische Vorstellung von einem furchterregenden, zürnenden Gott zum Beispiel ist nicht mit Projektionswünschen des Menschen zu erklären. Es ist erstaunlich, dass nach so vielen „Tot-Gottes-Theorien“ wieder vom „Megatrend Religion“ gesprochen wird.

Der Mensch überschreitet sich selbst. „Ich bin ein Sucher eines

Weges – für mehr als mich.“ (Günter Kunert) Aufzubrechen und neu zu suchen ist sein Schicksal. Nichts hält ihn im Käfig gefangen. Es ist wie bei der Schwangerschaft. Alles drängt zur Geburt. Und was er noch nicht ist, sucht er leidenschaftlich. Dafür erträgt er alle Geburtswehen.

Die folgende Erzählung habe ich oft erzählt, wenn wir über das Thema „Projektion“ diskutierten. Zugleich wirft sie die Frage auf: Gibt es jenseits unserer Welt, in der wir uns einnisten möchten, eine Wirklichkeit?

„Eine Mutter erwartete Zwillinge. Die Wochen vergingen, und die Zwillingsbrüder wuchsen im Schoß heran. In dem Maß, wie ihr Bewusstsein sich entfaltete, steigerte sich ihre Freude: „Sag, ist es nicht großartig, dass wir leben?“

Die Wochen vergingen. Da merkten sie plötzlich, wie sehr sie sich verändert hatten. „Was soll das heißen?“, fragte der eine. „Das heißt“, antwortete der andere, „dass unser Aufenthalt in dieser Welt bald seinem Ende zugeht.“ – „Aber ich will gar nicht gehen“, erwiderte der eine, „ich möchte für immer hier bleiben.“ – „Wir haben keine andere Wahl“, entgegnete der andere, „aber vielleicht gibt es ein Leben nach der Geburt.“ – „Wie könnte dies sein?“, fragte zweifelnd der erste, „wir werden unsere Nabelschnur verlieren. Wie sollten wir ohne sie leben können? Und außerdem haben andere vor uns diesen Schoß hier verlassen, und niemand von ihnen ist zurückgekommen und hat uns versichert, dass es ein Leben nach der Geburt gibt. Nein, die Geburt ist das Ende.“

So fiel der eine von ihnen in tiefen Kummer und sagte: „Wenn die Empfängnis mit der Geburt endet, welchen Sinn hat dann das Leben im Schoß? Es ist sinnlos. Womöglich gibt es gar keine Mutter hinter allem.“ – „Aber sie muss doch existieren“, protestierte der andere, „wer hätte uns sonst ernährt und unsere Bedürfnisse befriedigt?“

„Hast du je unsere Mutter gesehen?“, fragte der eine. „Womöglich lebt sie nur in unserer Vorstellung. Wir haben sie uns erdacht, weil wir dadurch unser Leben besser verstehen können.“ Und so waren die letzten Tage im Schoß der Mutter angefüllt mit vielen Fragen und mit großer Angst. Schließlich kam der Augenblick der Geburt. Als die Zwillinge ihre Welt verließen,

öffneten sie ihre Augen. Was sie sahen, übertraf ihre kühnsten Träume.“
Und unsere Sehnsucht nach dem Himmel, nach Glück, nach Gott – alles nur Projektionen? Wenn ich nur Bedürfnisse befriedige und von Enttäuschung zu Enttäuschung haste, bin ich eine armselige Kreatur. Ich will mir meine Träume nicht nehmen lassen. In Sehnsucht überwinde ich alle Grenzen. Im Glauben finde ich den goldenen Schlüssel, der das Himmelstor aufschließt.

Wort in den Tag
Welche Bedürfnisse befriedige ich heute – vom Zähneputzen am Morgen bis zum Glas Wein am Abend? Dann schau den Sternenhimmel an! „Binde deinen Karren an einen Stern!“
(Leonardo da Vinci)

16. Tag
Fehlgelenkte Mystiker?

Die Hälfte der Bevölkerung glaubt an Engel. Gibt es dafür einen Grund? Wonach sucht der Mensch in seinem Alltag, in seiner Geschäftigkeit? Die Wiederentdeckung der Engel macht deutlich, dass letztlich die Sehnsucht des Menschen anderswo verankert sein muss. Eine Sehnsucht, die über die Realität der alltäglichen Dinge hinausgeht. Die Sehnsucht danach, dass der Himmel unsere Erde berühren möge.
Die Sehnsucht kann uns auf zwei Wege führen, den Weg nach außen, durch die Erkenntnis der fünf Sinne, und den Weg nach innen, durch Meditation und Kontemplation.
Das ist der mystische Weg, den auch heute viele suchen. Eine Hauptaussage der Mystiker heißt: Gott wohnt in dir. Gott ist das Innerste deines Daseins. In der innersten Kammer deiner Seele wohnt Gott. Der Gott, der in uns wohnt, ist unsere Kostbarkeit. Er ist nichts anderes als Liebe und Erbarmen.
Das fundamentalste Bedürfnis, das wir kennen, ist das Verlangen, dass ein anderer unser bedarf. Das ist die Transzendenz aller Wünsche: von einem anderen geliebt zu sein. Das ist die Immanenz meiner Sehnsucht, dass ein DU meine Liebe geweckt und beantwortet hat.
Unsere Sinne können wir sättigen bis zum Überdruss. Bis in die Seele dringt das alles gar nicht vor. Wir haben vielleicht alle Schönheit erlebt, und doch sind wir nicht befriedigt. Irgendetwas fehlt. Auf dem Grund jeder Freude finden wir Trauer und Beklemmung. Unsere Erinnerungen sind unwirklicher als Ansichtskarten. Alle Schönheit ist traurig. Das ist die kosmische Trauer aller Kreaturen, von welcher der Apostel Paulus spricht. (vgl. Röm 8,18f)
Auch der Weg nach außen über die Sinne kann uns irreführen. Wir bewundern die Schönheit der Schöpfung und entdecken den Schöpfer nicht mehr. Wir sind fasziniert vom Glanz der Materie und stoßen nicht mehr durch zum Urgrund des Seins.
Eigentlich sind wir als „Gottsucher“ aufgebrochen. Überall suchen wir ihn: auf Festen und Orgien und Reisen, in Kinos und

Bars, in Geschäften und auf Jahrmärkten. „Alles menschliche Tun, sogar die Sünde, ist ein Suchen nach Gott.“ (Ernesto Cardenal) Doch finden wir ihn einzig und allein in uns selbst.
Sind vielleicht gerade die Menschen, die sich am heftigsten dem Genuss der Sinne hingeben, auch am meisten fähig, Gott zu suchen? Denn ihn suchen sie ja gerade in all ihren Abenteuern, ohne ihn richtig zu finden. Sind sie alle nur fehlgeleitete Mystiker?
Für die große Mystikerin Teresa von Avila ist das Leben nur wie eine Nacht, die wir in einem schlechten Wirtshaus verbringen. Alle menschlichen Luftschlösser sind nichts anderes als Spelunken. Aus unserem Inneren haben wir oft Rumpelkammern gemacht. Die menschliche Seele aber ist für die heilige Theresia wie eine Burg. Und unser Innerstes, der Mittelpunkt unseres Wesens, ist das Prunkgemach. Hier wohnt Gott. Der Weg führt uns also nach innen. In uns wohnt die Liebe. Theresia von Avila hat diese Wahrheit in Versen besungen:

Gott spricht ...

O Seele, suche dich in Mir,
und, Seele, suche Mich in dir.

Die Liebe hat in meinem Wesen
dich abgebildet treu und klar;
kein Maler lässt so wunderbar,
o Seele, deine Züge lesen.
Hat doch die Liebe dich erkoren
als meines Herzens schönste Zier;
bist du verirrt, bist du verloren,
o Seele, suche dich in Mir.

In meines Herzens Tiefe trage
Ich dein Porträt, so echt gemalt;
sähst du, wie es vor Leben strahlt,
verstummte jede bange Frage.
Und wenn dein Sehnen Mich nicht findet,
dann such' nicht dort und such' nicht hier;

gedenk, was dich im Tiefsten bindet,
und, Seele, suche Mich in dir.

Du bist mein Haus und meine Bleibe,
bist meine Heimat für und für;
Ich klopfe stets an deine Tür,
dass dich kein Trachten von Mir treibe.
Und meinst du, Ich sei fern von hier,
dann ruf Mich, und du wirst erfassen,
dass Ich dich keinen Schritt verlassen;
und, Seele, suche Mich in dir.

Wort in den Tag

Und wenn dein Sehnen mich nicht findet,
dann such nicht dort und such nicht hier;
– Seele, suche mich in dir.

Ungestillter Durst

17. Tag

Mein Leben – eine Entdeckungsreise

„Man kann dem Leben nicht mehr Tage geben, aber den Tagen mehr Leben." (Cicely Saunders) Dieses Wort hat's in sich. Unsere Tage sind gezählt – wir können sie nicht vermehren. Aber wir können den Tagen, die uns geschenkt sind, mehr Leben geben. Wir besitzen das Leben nicht wie einen Gegenstand. Leben ist ein kostbares Gut. Nur weil uns Mutter und Vater immer wieder bei unserem Namen gerufen haben, sind wir mit der Zeit bei uns selber angekommen. Wir sind ins Leben „gerufen", sagt die Bibel. Noch vor den Eltern hat der Schöpfer des Himmels und der Erde uns ins Dasein gerufen.

Am Anfang von allem und an unser aller Ursprung steht nicht irgendetwas, sondern Gott in seiner schöpferischen Liebe. Er hat jede und jeden von uns beim Namen gerufen. Das ist der Grund unserer besonderen Würde. Wir sind weder Zufallsprodukte noch Blindgänger. Wir sind keine Nummern in der Lotterie des Lebens. Jeder ist ein Original, keiner eine Kopie. Schon jedes Blatt am Baum ist ein einmaliges Exemplar. Die Schöpfung kennt kein Klonen.

Mit jedem, mit jeder hat Gott Besonderes vor. Das zu wissen, kann unseren Tagen mehr Leben geben, ob wir jung sind oder hochbetagt, erfolgreich oder ein Pechvogel, unbefangen oder durch eine tiefe Verletzung gezeichnet sind. „Liebe deine Geschichte", sagt Leo Tolstoi. „Sie ist der Weg, den Gott mit dir gegangen ist." Das Geheimnis der eigenen Lebensgeschichte zu entdecken und zur Entfaltung zu bringen, ist unser Auftrag – das Abenteuer unseres Lebens. Es geht weit über das hinaus, was wir planen und ins Werk setzen können. Karriere und Erfolg können wir vielleicht selber arrangieren. Die wichtigsten Dinge unseres Lebens sind jedoch nicht programmierbar: Liebe und Freundschaft, Glück und Segen.

Wer aufmerksam die Zeichen der Zeit beobachtet, wird feststellen: Bücher und Filme haben Konjunktur, die das Leben als Entdeckungsreise beschreiben. Ob in fiktive Welten, ob in den Innenraum der eigenen Seele, ob in ferne Kulturen und Reli-

gionen – es gilt, den Horizont zu erweitern und der eigenen Lebenswahrheit auf die Spur zu kommen.
Ein alter Mönch unterhielt sich mit einigen jungen Leuten, darunter auch mit Robert. Der Mönch wollte von Robert wissen: „Welches sind Ihre Zukunftspläne?“ „Ich möchte schnellstens mit dem Jurastudium beginnen“, antwortete der Abiturient. „Und dann?“, fragte der Mönch. „Nun, dann möchte ich eine Rechtsanwaltspraxis eröffnen, später möchte ich heiraten und eine Familie gründen.“ „Und dann, Robert?“ „Um ehrlich zu sein“, antwortete der junge Mann, „ich möchte recht viel Geld verdienen, mich möglichst früh zur Ruhe setzen und viele fremde Länder besuchen.“ „Und dann?“, fragte der Mönch in fast unhöflicher Beharrlichkeit. „Mehr Wünsche habe ich im Augenblick nicht“, entgegnete Robert. Der Mönch sah ihn an und sagte: „Ihre Pläne sind viel zu klein. Sie reichen ja höchstens für fünfundsiebzig oder achtzig Jahre! Ihre Pläne müssen groß genug sein, um auch Gott einzuschließen, und weit genug, um auch die Ewigkeit zu umfassen.“

Wort in den Tag
Liebe deine Geschichte. Sie ist der Weg, den Gott mit dir geht.

18. Tag
Die Sehnsucht nach Liebe

Sehnsuchtstexte aller Zeiten und aller Arten sind meistens Texte über die Liebe. Liebe in allen Formen zwischen Wunsch und Erfüllung ist der innerste Motor unseres Lebens. Liebe zwischen Gelingen und Scheitern ist das tiefste Gesetz des Lebens überhaupt. Liebe ist der Knotenpunkt und die Schnittstelle der Sehnsucht nach Glück und Vollendung. Unendlich viele Liebesgedichte und Liebesbriefe wurden von Frauen und Männern aller Generationen geschrieben.
Eines der bekanntesten Liebesgedichte schrieb Erich Fried:

Was es ist

Es ist Unsinn
sagt die Vernunft
Es ist, was es ist
sagt die Liebe

Es ist Unglück
sagt die Berechnung
Es ist Schmerz
sagt die Angst
Es ist aussichtslos
sagt die Einsicht
Es ist was es ist
sagt die Liebe

Es ist lächerlich
sagt der Stolz
Es ist leichtsinnig
sagt die Vorsicht
Es ist unmöglich
sagt die Erfahrung
Es ist was es ist
sagt die Liebe

„Wo zwei Menschen sich lieben, geht es um das Schicksal dieser Erde." Mit diesem Wort des Theologen Hans Urs von Balthasar habe ich gern Trauungspredigten begonnen. Die Liebe beginnt immer wieder neu, nimmt immer wieder neuen Anlauf. Nach so vielen Ehescheidungen und gebrochenen Liebesschwüren steht ein Brautpaar vor uns. Ihre Liebe zueinander ist so stark, dass sie sich ihr Jawort fürs Leben geben. In unserer zerrissenen Welt ist jede Liebesbeziehung der Versuch, das Schicksal der Erde zu wenden. „Die Liebe hört nie auf," (1 Kor 13,8), schreibt der Apostel Paulus in seinem Hohenlied der Liebe.

Der Tod ist die schreckliche Grenze. Wie oft geht der geliebte Partner im Tod einfach davon. Doch über den Tod hinaus wird jeder Geliebte weitergeliebt. Die Trauer kann manchmal lange dauern. Und auch nach einer Ehescheidung ist Trauerarbeit wichtig.

Es gibt Festtage für die Liebe, Stunden des Glücks. Aber auch sie sind flüchtig und der Durst nach Liebe bleibt. Er wächst sogar, je mehr die Sehnsucht vom Herzen Besitz ergreift. Mit den Bruchstücken und Enttäuschungen der Liebe allein können wir uns nicht abfinden. Die Liebe will Vollendung. Gott selbst ist das höchste Begehren aller Liebe.

Menschen, die sich lieben, fühlen sich zum anderen hingezogen. Auch Gottesliebe kann uns anziehen. Nicht nur Mystiker sprechen davon, dass unsere Seele von der Liebe Gottes angezogen wird. In der Liturgie beten wir: „Entzünde mich, Herr, mit dem Feuer deiner Liebe!" Denn „alles in mir ist auf dem Weg zu dir."

Liebe ist keine Einbahnstrasse. Immer wieder betont die Bibel, dass Gott uns zuerst geliebt hat. Und Gottesliebe verpflichtet uns zur Nächstenliebe. Der erste Johannesbrief begründet das so:

„Liebe Brüder, wir wollen einander lieben; denn die Liebe ist aus Gott, und jeder, der liebt, stammt von Gott und erkennt Gott. Wer nicht liebt, hat Gott nicht erkannt; denn Gott ist die Liebe. Die Liebe Gottes wurde unter uns dadurch offenbart, dass Gott seinen einzigen Sohn in die Welt gesandt hat, damit wir durch ihn leben. Nicht darin besteht die Liebe, dass wir Gott geliebt haben, sondern dass er uns geliebt und seinen Sohn als Sühne für unsere Sünden gesandt hat.

Liebe Brüder, wenn Gott uns so geliebt hat, müssen auch wir einander lieben. Niemand hat Gott je geschaut; wenn wir einander lieben, bleibt Gott in uns und seine Liebe ist in uns vollendet ... Gott ist die Liebe, und wer in der Liebe bleibt, bleibt in Gott, und Gott bleibt in ihm ... Wir wollen lieben, weil er uns zuerst geliebt hat." (1 Joh. 4,7-19)

Wort in den Tag

Es ist unmöglich, sagt die Erfahrung. Es ist, was es ist, sagt die Liebe.

19. Tag

Der erste Blick der Liebe

Man kann vor Durst sterben mitten in der Wüste, und man kann vor Durst sterben mitten im Meer zwischen salzigen Wasserfluten. Man kann vor Durst sterben mitten in einer Stadt zwischen Getränkemarkt und Gastwirtschaft. Man kann versuchen, seine Sehnsucht nach Glück und seinen Durst nach Liebe zu stillen. Doch den Brunnen, der den brennenden Durst löscht, findet man nicht. Immer verlangt man nach mehr. Der Durst nach Zärtlichkeit und Wärme, die Sehnsucht nach Geborgenheit und Liebe wird nie ganz gestillt, sondern wächst. Man darf den Menschen nicht die Flügel stutzen. Gerade in der Liebe bleibt die Sehnsucht maßlos. Wie man im trockenen Land mit der Wünschelrute nach neuen Quellen sucht, so bleiben wir auf der Suche. Wo die Liebe uns aber berührt, da fließen tief innen neue Energien.

Mehrmals habe ich am Ziel meiner Pilgerreise am Südportal der Kathedrale von Santiago die Steinskulptur „Erschaffung Adams“ bewundert. Der Schöpfer steht neben Adam, beide schauen nach vorne. Der Herr legt seine rechte Hand auf das Herz Adams und die linke um seine Schultern. Er sendet Adam. Er wird ihm nachschauen und ihn in seinem Blick behalten.

Im vergangenen Jahr entdeckte ich am Portal gegenüber die „Erschaffung der Eva“. Erstaunlich ist, wie die Figuren des frühen Mittelalters die Herzlichkeit und Zuwendung des Schöpfers zu seinem Geschöpf darstellen. Urkunden der Zärtlichkeit Gottes mit uns Menschen.

Der Herr legt seine rechte Hand auf das Herz der Frau. Mit der linken stützt er ihren Kopf. Sie schauen sich an, und der Blick der Liebe weckt das Leben. Das Gesicht der Eva leuchtet auf im strahlenden

Morgen der Schöpfung. Der Glanz der Freude und das Lachen liegen auf ihrem Antlitz. Dieser erste Blick der Liebe wird sich tief in ihrer Sehnsucht einwurzeln. Sie wird ihn in den Augenblicken des Glücks wiedererkennen auf der Pilgerschaft des Lebens. Am Ende ist sie wieder Aug in Aug bei Gott.
Der Augenblick unseres Lebens steht im Blick der Liebe unseres Gottes. Er lässt sein Antlitz leuchten über unseren Wegen. Schaut er nach uns, dann ist uns geholfen. Unter seinem Angesicht sind wir geborgen. Am Ende kommt er uns entgegen und schaut uns an mit den Augen der Barmherzigkeit.

Raphael Hombach hat das in Versen so ausgedrückt:

Wenn du gehst, immer geradeaus,
und nicht abbiegst,
weder zur Rechten, noch zur Linken,
sondern einfach gehst,
geraden Weges,
wie weit du auch gehen musst,
durch Nächte und Tage,
durch Regen und Sonnenschein,
ob du weinen wirst
oder lachen darfst,
einmal – du wirst überrascht sein –
stehst du vor dem,
von dem du hergekommen bist.
Er wird dich nichts zu fragen brauchen,
er sieht dich, wie du bist.
Du wirst ihn nichts zu fragen brauchen,
du siehst ihn, wie er ist.
Er hat dir nachgesehen,
als du anfingst zu gehen.

Am Ende
bist du Aug in Auge
bei Gott.

Das ist Heimkehr
ein für alle Mal.
Und wenn du abbiegst –
wer wäre nicht abgebogen?
du kommst vor Gott.
Auf deinen Abwegen
kommst du vor Gott.
Gott sieht dich kommen,
Gott kommt dir entgegen.

Wort in den Tag

Wo die Liebe uns berührt, da fließen tief innen neue Energien. Der erste Blick der Liebe hat sich tief in unserer Sehnsucht eingewurzelt. In den Augenblicken des Glücks werden wir ihn wiedererkennen.

20. Tag
Um des Himmelreiches willen

„Suchet zuerst das Reich Gottes, alles andere wird euch dazugegeben werden." (nach Mt 6,33) Ist das die Richtung meiner Sehnsucht, die Antwort auf mein Suchen? Heißt der Schlüssel: „Um des Himmelreiches willen"? Das ist die Antwort Jesu an den reichen Jüngling, der alles verkaufen soll. Das ist die These: „Ehelos bleiben um des Himmelreiches willen."
Zwei Gleichnisse vom Reich Gottes erzählt Jesus, die klar machen, es geht nur mit Leidenschaft und Liebe. „Mit dem Himmelreich ist es wie mit einem Schatz, der in einem Acker vergraben war. Ein Mann entdeckte ihn, grub ihn aber wieder ein. Und in seiner Freude verkaufte er alles, was er besaß, und kaufte den Acker. Auch ist es mit dem Himmelreich wie mit einem Kaufmann, der schöne Perlen suchte. Als er eine besonders wertvolle Perle fand, verkaufte er alles, was er besaß, und kaufte sie." (Mt 13,44-46)
Das nenne ich Leidenschaft. Ein Kaufmann sucht kostbare Perlen. Er ist noch nicht satt und zufrieden mit den „Fleischtöpfen Ägyptens". Er sucht und hat Sehnsucht im Herzen. Als er eine besonders wertvolle Perle findet, verkauft er voll Freude alles, was er besaß und kaufte die Perle. Es tut ihm nicht weh, um der Perle willen alles aufzugeben. So ist das mit dem Himmelreich: Die Perle geht uns nicht aus dem Sinn. Voll Freude sollen wir alles investieren. Denn „Gott allein genügt."
Es gibt auf der Erde einige hunderttausend Männer und Frauen, die in Ordensgelübden versprechen, arm, gehorsam und ehelos zu leben. Die evangelischen Räte sind Zeichen eines Liebesbundes. Was ist dabei besonders wichtig? Die Ordensgelübde sind keine Bekenntnisse zu Mangelerfahrungen. Darin liegt nicht der Sinn der evangelischen Räte, Verzicht zu leisten und Mangel zu erfahren. Negatives kann nicht Inhalt und Ziel lebenslanger Bemühungen sein. Der Verzicht ist nur zu begreifen aus dem Liebesbund, den Gott mit Menschen geschlossen hat. Wer verliebt ist, lässt es sich etwas kosten. Ordensleute sind keine Zuckerkranken, die Diät halten müssen.

Wenn Schulklassen unser Kloster besuchen, höre ich manchmal ein Bedauern, worauf wir alles verzichten müssen. Dann erkläre ich die evangelischen Räte gern mit dem Wort: „Mache einen Geizhals zum Verliebten und er wird zum Verschwender." Ja, etwas Verschwenderisches liegt über dem Leben der Ordenschristen.
Wer von der Leidenschaft für das Himmelreich ergriffen wird, kann „alles voll Freude verkaufen", um den Schatz im Acker zu gewinnen. Verzichte sind dann keine Last mehr, sondern die Geschenke eines leidenschaftlichen Herzens. Keiner darf sich selbst bedauern, sondern er wird alles investieren, um die kostbare Perle zu gewinnen.
Ernesto Cardenal schreibt über die Sehnsucht der Mönche:

> „Alles religiöse Leben ist nur eine Frage der Liebe. Der Mönch entsagt der Welt und ihrer Kreaturen nicht, weil sie böse sind, sondern ganz im Gegenteil, weil sie gut und schön sind. So gut und schön, dass sie es fertig brachten, ihn in ihren Schöpfer verliebt zu machen, denn wir kennen die Schönheit des Schöpfers nur durch die Schönheit seiner Geschöpfe. Es gibt keine andere Art, Seine Schönheit zu erfahren.
> Wir verzichten nicht auf menschliche Schönheit und menschliche Liebe, weil wir sie für nichtig erachten, sondern weil sie in uns das Feuer Seiner Liebe entzündet haben. Ist Gott nicht der Erfinder aller Liebkosungen und der Schöpfer der Leidenschaft und selbst der Wollust?
> In allen unserem Wünschen und Trachten steckt eine große Dosis Energie, Leidenschaft und Feuer. Welch eine Kraft muss dann in einer Seele stecken, die all diese Energie nur auf einen Wunsch und auf eine Liebe konzentriert!
> Leidenschaften, Gelüste, Instinkte und Affekte, alle Sehnsucht des menschlichen Herzens sind der Brennstoff der Liebe zu Gott. Tatsächlich ist der ganze Mensch Brennstoff. Und die Liebe, mit der Gott uns wiederliebt, hat die gleiche Wirkung wie ein Kanister Benzin, der ins Feuer gegossen wird. Wenn wir uns von der geliebten Person wiedergeliebt wissen, wächst unsere Liebe zu ihr. Nichts facht die Liebe so an wie die Gegenliebe des Geliebten ... Alle Zellen unseres

Körpers, alle Partikel unseres Seins sind hochzeitlich, weil wir für eine Hochzeit geschaffen wurden. Was Freud die „Libido" nennt, ist der Brennstoff in den Lampen der klugen Jungfrauen, die auf den Bräutigam warten."

Wort in den Tag

Sehnsucht

ich hab dich
verloren
du großer
fund
klein wie
die perle
im ackergrund
ich such dich
in allem
versuche dich
und wo ich
dich suche
da finde ich
mich
ich bin
nach dir
süchtig
ich suche dich
ich kann dich
nicht finden
finde du mich
ich hab dich
verloren
du großer
fund
klein wie
die perle
im ackergrund

Wilhelm Willms

21. Tag
Hymnen an die Liebe

Die Liebe wird besungen in Liedern und Songs, in Pop und Choral. Liebesbriefe werden verschickt mit der Post und als SMS. Die Liebesgedichte sind voller Phantasie, und ihre Sprache ist blumenreich. „O lege, Geliebter, den Kopf in die Hände und höre, ich sing' dir ein Lied ..."
Zur Weltliteratur gehören zwei Liebeslieder der Bibel. Das Hohe Lied der Liebe schreibt man König Salomo (geb. 990 v.Chr.) zu. Das Buch ist eine Sammlung von 25 Liebesliedern, die zum Passahfest gelesen werden. Immer von neuem wird die Sehnsucht von Mann und Frau zueinander, die Freude und das Entzücken aneinander und die Bereitschaft füreinander gepriesen. Die Liebessprache war schon damals unendlich reich an Bildern und Vergleichen, voller Erotik und Glück. Die Lieder sind gedichtet auf die Braut, die wunderschöne, und auf ihren Geliebten. Oder ist die menschliche Liebesprache des Hohen Liedes ein Lobpreis auf Gott? Die Mystik hat in ähnlichen Bildern das Ergriffensein von der Liebe Gottes besungen. Auch die Psalmen kennen diese Sprache: „Ich sage zum Herrn: Du bist mein Herr; mein ganzes Glück bist du allein." (Ps 16,2)
Die Auswahltexte aus dem Hohen Lied der Liebe brauchen keine Interpretation. Sie sprechen für sich:

> Schön bist du, meine Freundin, ja, du bist schön. Zwei Tauben sind deine Augen. – Schön bist du, mein Geliebter, verlockend. Frisches Grün ist unser Lager, Zedern sind die Balken unseres Hauses, Zypressen die Wände. Ich bin eine Blume auf den Wiesen des Scharon, eine Lilie der Täler. Eine Lilie unter Disteln ist meine Freundin unter den Mädchen.
> Ein Apfelbaum unter Waldbäumen ist mein Geliebter unter den Burschen. In seinem Schatten begehre ich zu sitzen. Wie süß schmeckt seine Frucht meinem Gaumen! In das Weinhaus hat er mich geführt. Sein Zeichen über mir heißt Liebe. Stärkt mich mit Traubenkuchen, erquickt mich mit

Äpfeln; denn ich bin krank vor Liebe. Seine Linke liegt unter meinem Kopf, seine Rechte umfängt mich. Bei den Gazellen und Hirschen auf der Flur beschwöre ich euch, Jerusalems Töchter: Stört die Liebe nicht auf, weckt sie nicht, bis es ihr selbst gefällt.
Horch! Mein Geliebter! Sieh da, er kommt. Er springt über die Berge, hüpft über die Hügel. Der Gazelle gleicht mein Geliebter, dem jungen Hirsch. Ja, draußen steht er an der Wand unsres Hauses; er blickt durch die Fenster, späht durch die Gitter.
Der Geliebte spricht zu mir: Steh auf, meine Freundin, meine Schöne, so komm doch! Denn vorbei ist der Winter, verrauscht der Regen. Auf der Flur erscheinen die Blumen; die Zeit zum Singen ist da. Die Stimme der Turteltaube ist zu hören in unserem Land. Am Feigenbaum reifen die ersten Früchte; die blühenden Reben duften. Steh auf, meine Freundin, meine Schöne, so komm doch! Meine Taube im Felsennest, versteckt an der Steilwand, dein Gesicht lass mich sehen, deine Stimme hören! Denn süß ist deine Stimme, lieblich dein Gesicht.
Fangt uns die Füchse, die kleinen Füchse! Sie verwüsten die Weinberge, unsre blühenden Reben. Der Geliebte ist mein und ich bin sein; er weidet in den Lilien. Des Nachts auf meinem Lager suchte ich ihn, den meine Seele liebt. Ich suchte ihn und fand ihn nicht. Aufstehen will ich, die Stadt durchstreifen, die Gassen und Plätze, ihn suchen, den meine Seele liebt. Ich suchte ihn und fand ihn nicht. Mich fanden die Wächter bei ihrer Runde durch die Stadt. Habt ihr ihn gesehen, den meine Seele liebt? Kaum war ich an ihnen vorüber, fand ich ihn, den meine Seele liebt. Ich packte ihn, ließ ihn nicht mehr los, bis ich ihn ins Haus meiner Mutter brachte, in die Kammer derer, die mich geboren hat. Bei den Gazellen und Hirschen der Flur beschwöre ich euch, Jerusalems Töchter: Stört die Liebe nicht auf, weckt sie nicht, bis es ihr selbst gefällt.
(nach Hld 1,15–2,7)

Auch der Apostel Paulus singt sein Hohes Lied der Liebe im ersten Brief an die Korinther, Kapitel 13. Unerschöpflich ist die Liebe. Durch alle Generationen wurde bei Trauungsliturgien und Hochzeitsfeiern dieses Lied vorgetragen. Ich zitiere hier nur die Verse, die von der Sehnsucht der Liebe sprechen, die die Grenzen der Zeit überschreitet:

> Wenn ich in den Sprachen der Menschen und Engel redete, hätte aber die Liebe nicht, wäre ich dröhnendes Erz oder eine lärmende Pauke.
> Und wenn ich prophetisch reden könnte und alle Geheimnisse wüsste und alle Erkenntnis hätte; wenn ich alle Glaubenskraft besäße und Berge damit versetzen könnte, hätte aber die Liebe nicht, wäre ich nichts ...
> Die Liebe erträgt alles, glaubt alles, hofft alles, hält allem stand. Die Liebe hört niemals auf. Prophetisches Reden hat ein Ende, Zungenrede verstummt, Erkenntnis vergeht.
> Denn Stückwerk ist unser Erkennen,
> Stückwerk unser prophetisches Reden; wenn aber das Vollendete kommt, vergeht alles Stückwerk ...
> Jetzt schauen wir in einen Spiegel und sehen nur rätselhafte Umrisse, dann aber schauen wir von Angesicht zu Angesicht. Jetzt erkenne ich unvollkommen, dann aber werde ich durch und durch erkennen, so wie ich auch durch und durch erkannt worden bin. Für jetzt bleiben Glaube, Hoffnung, Liebe, diese drei; doch am größten unter ihnen ist die Liebe. (1 Kor 13)

Wort in den Tag

... hätte aber die Liebe nicht, wäre ich nichts!

22. Tag
Unter offenem Himmel

Kann ein Blick zum Himmel alles verwandeln? Leben wir anders, wenn über uns der Himmel offen ist? Unser Blick zum Himmel ist heute oft verstellt. Eine Dunstglocke liegt über uns. Wir Menschen haben den Himmel verloren. Wir haben die Mahnung von Friedrich Nietzsche angenommen: „Ich beschwöre euch, meine Brüder, bleibt der Erde treu!" Lasst euch nicht vertrösten, bleibt der Erde treu! Nun gehen wir mit dem Blick zur Erde, zu Boden gebeugt. Die Lasten drücken nur schwerer. Sehen die Menschen nicht noch bedrückter aus? Unser Gesichtskreis ist eingeengt. Und kein Stern spricht von den unendlichen Weiten, für die der Mensch geschaffen ist.
Man müsste heute den Gebeugten wieder zurufen: „Richtet euch auf, und erhebt eure Häupter!" (vgl. Lk 21,28) Müsste man der Erde den Himmel zurückgeben? Denn es ist unmöglich, sich ohne Schaden vom Himmel abzuwenden. Das Wandern im dunklen Tal ist eigentlich nur erträglich, wenn ein Lichtglanz den Weg erhellt. Unsere Erde braucht den Himmel, unser Leben den himmlischen Glanz.
Im Leben Jesu öffnet sich zweimal der Himmel. Am Anfang bei der Taufe im Jordan öffnet sich der Himmel und die Stimme von oben sagt: „Du bist mein geliebter Sohn!" (Mk 1,11) Bevor er den Leidensweg beginnt, erhält er bei der Verklärung auf dem Berg Tabor vom Himmel, aus der Wolke, erneut die Zusage: „mein geliebter Sohn." (Mk 9,7) Braucht man im Leben öfters die Gewissheit, dass der Himmel mit einem ist?
In unserer Welt, die einmal vergeht, liegt verborgen eine Kraft, die alles verwandelt. Das ist die Schau des Unsichtbaren, die Sehweise der Ewigkeit, der Glanz des Himmels, der die Dunkelheit unseres Herzens erleuchtet.
Wo aber ist der Himmel? Über uns, um uns, in uns? Ist das nur eine streng jenseitige Wirklichkeit, von der auch nicht der leiseste Strahl gleichsam wie durch einen Türspalt zu uns dringt? Oder gibt es so etwas wie eine Vorahnung und einen Vorgeschmack himmlischen Glückes, sozusagen ein Stückchen Himmel hier

und jetzt auf Erden? Mitten unter Mühen und Stress, unter Enttäuschungen und Schicksalsschlägen, mitten im grauen Alltag? Gibt es ein Stückchen Himmel unter uns und in uns? Und zwar so, dass es nicht gleich wieder verblasst und nur einen faden Nachgeschmack hinterlässt? Brauchen wir nicht ein Stückchen Himmel auf Erden, auf der oft genug die Hölle los ist?
Der Himmel begegnet uns in vielfacher Gestalt In einem alten Lied heißt es: „Wo die Liebe und die Güte, da ist Gott." Die Liebe ist ein Vorgeschmack des Himmels. Wenn wir lieben, holen wir ein Stück Himmel auf die Erde herunter. Und wie die Nacht das Licht des Morgens erwartet, so sehnen wir uns nach Liebe. Wer einmal den Geschmack des Glückes verkostet hat, bleibt ewig auf der Suche.
Aus Liebe zu seinem Volk stieg der Herr zuerst in den brennenden Dornbusch herab. Er wählte den Dornbusch, den Strauch voller Stacheln, weil er Israels Bedrängnis sah, heißt es in altjüdischen Erzählungen. Am Sinai zeigt der Herr seine Herrlichkeit und schließt seinen Bund mit Israel. Bevor für Jesus der Kreuzweg begann und er als Dornengekrönter vor uns steht, wird ihm das Gipfelerlebnis auf dem Berg Tabor geschenkt. Das gehört zusammen: Dornbusch und Sinai, Berg Tabor und Golgota. Uns allen wünsche ich, dass auch wir, wenn wir die Dornen und Bedrängnisse des Lebens erfahren, die Stimme des Himmels hören: „Du bist mein geliebter Sohn! – Du bist meine geliebte Tochter!"
Was Himmel ist, haben die Ikonenmaler gewusst. Sie malten den Himmel nicht blau, sondern golden. Sie wählten in den Ikonen den Himmel als Hintergrund, als tragenden Grund, auf dem sie die Menschen darstellten. Himmel als tragender Goldgrund der Menschen und unserer Welt! Der Himmel ist nicht einfach oben. Er umgibt uns von allen Seiten. Himmel und Erde berühren sich. Wir atmen die Weite, spüren die Freiheit, denn so weit die Wolken ziehen, spannt sich der Himmelsbogen über uns. Wir müssen der Erde den Himmel zurückgeben. Denn nur unter offenem Himmel kann man auf Dauer leben. Vom Himmel als seiner Heimat her zu leben, verändert unser Streben. Wenn wir mit dem Herzen schon am Ziel sind, dann sind die Strapazen des Weges nicht mehr so schwer.

„Das Schönste am Haus sind die Fenster!“, sagte mir vor kurzem ein Mitbruder, und er meinte wohl den großen Ausblick, den Blick in den weiten Horizont, in den Himmel. Ob wir diesen Ausblick noch suchen? Vor dem Fernseher gewinnen wir weite Ausblicke und vor dem PC-Monitor Anschluss an die ganze große Welt. Wofür Fenster, wir haben doch das Windowsprogramm? Die Sehnsucht ist wie ein großes Fenster in unserem Lebenshaus. Und ich wünsche mir sehr, dass wir Häuser mit großen Fenstern bewohnen.

Wort in den Tag
Wohne ich im Keller oder in einem Haus mit großen Fenstern? Kenne ich „Gipfelerlebnisse“ auf dem Weg zwischen „Berg Tabor und Golgotha“?

Vision – Schwester der Sehnsucht

23. Tag

Die einzig wirksame Kraft gegen Resignation heißt Vision

„Die Zukunft beeinflusst die Gegenwart genauso wie die Vergangenheit." Dieser Satz stammt von Friedrich Nietzsche. Auf den ersten Blick scheint diese Aussage jedem Kausalprinzip zu widersprechen: Wie kann die Gegenwart auf etwas reagieren, was noch gar nicht geschehen ist? Dennoch ist der Antrieb für menschliches Handeln bestimmt von Erwartungen, Hoffnungen und Visionen. Auch die Angst vor der Zukunft beeinflusst unsere Entscheidungen. Ist der Lärm, den wir zur Jahreswende am Silvesterabend machen, etwa ein Versuch, die diffusen Ängste vor dem Kommenden zu vertreiben?

Die inneren Bilder, die wir von der Zukunft haben, bestimmen unser Denken und Handeln. Aber nicht nur die persönlichen Erwartungen werden dadurch beeinflusst, auch Völker und Nationen stehen unter dem Einfluss der Zukunftsvisionen. Es gibt Zeiten, da ist die wirtschaftliche Situation eines Volkes so miserabel, dass nur noch „Klagelieder" angestimmt werden. Es gibt aber auch Erfahrungen, wie bei der letzten Fußball-Weltmeisterschaft, da wurden alle, Mannschaft und auch Unbeteiligte, von der Woge der Begeisterung und vom Optimismus getragen. „Wo es keine Visionen gibt, geht das Volk zu Grunde", heißt es im Buch der Sprüche (nach Spr 29,18). Es ist schlimm, wenn ein Volk keine Aussichten für die Zukunft mehr sieht. Visionen sind Kräfte, die uns hoffen lassen „gegen alle Hoffnung", wie der Apostel Paulus schreibt. Visionen ermutigen uns zum „trotzigen Dennoch". Hoffnungen und Visionen sind die Geschwister der Sehnsucht. Wenn wir von Visionen sprechen, meinen wir nicht die privaten Offenbarungen einzelner. Wir meinen nicht die Phantasien und Gesichte kranker Menschen.

Was aber ist eine Vision? Vision leitet sich aus dem lateinischen „videre" ab und bedeutet „sehen". Ein zukünftiger Zustand wird bereits geschaut und in unserer Vorstellung erschaffen. Visionen entwerfen Bilder, beschreiben Ziele, die sich Menschen erhoffen, um ihre Zukunft neu zu gestalten. Bei einer Konferenz

weltweiter Konzerne fragte man: „Was braucht ein Unternehmen, um Zukunft zu haben? Kapital und Innovation?“ Die Antwort lautete: „Visionen!“ Menschen setzen sich immer wieder zusammen, entwerfen Pläne, formulieren Ziele, beschreiben mögliche Wege. So wird Zukunft visionär geschaut.
Visionäre Bilder werden aus der Sehnsucht geboren. Immer gibt es Wege, diese zu verwirklichen. „Wenn du ein Schiff bauen willst, dann versuch nicht zuerst eine Mannschaft zusammenzutrommeln, Holz und Material, Hammer und Nägel zu beschaffen. Wenn du ein Schiff bauen willst, musst du in den Herzen der Menschen die Sehnsucht nach dem weiten Meer wecken“ (nach Antoine de Saint-Exupéry).
Eine Vision ist Quelle neuer Dynamik und neuer Aufbruchstimmung. Visionen im biblischen Sinn sind mehr als klug erdachte Pläne der Menschen. Sie sind auch mehr als unternehmerische Träume, beispielsweise in einem Jahr Marktführer der Branche zu sein. Visionen kommen aus der Tiefe einer geistigen Mitte. Sie sind das Einfallstor Gottes für uns Menschen.
In Krisenzeiten und turbulenten Phasen sind Visionen unentbehrlich. Sie sind wie ein Leitstern in der Dunkelheit, wie ein Kompass, der die Fahrtrichtung klärt. In Umbruchzeiten wird oft das Fehlen von Visionen schmerzhaft vermisst. Die Resignation bestimmt dann alles. „Null Bock!“ heißt das heute.
Zwischen den Alternativen Hoffnung und Resignation bewegt sich unser Leben. Eine Grunderfahrung ist die innere Müdigkeit und Lähmung. Die Alternative zur Resignation heißt Vision. Paul M. Zulehner behauptet: „Die einzig wirksame Gegenkraft gegen Resignation ist die Vision.“

Wort in den Tag
Resigniere ich leicht? Oder kenne ich dieses „trotzige Dennoch“ – „Hoffen gegen alle Hoffnung“? Das Wort von Paul M. Zulehner soll mich begleiten: „Die einzig wirksame Gegenkraft gegen Resignation ist die Vision.“

24. Tag
Aus der Traum und dennoch leben?

Auf den Trümmern unserer Erwartungen suchen wir nach den Leuchtspuren durch die Dunkelheit. Zu oft erleben wir, dass unsere Träume zerbrechen:
Als wir jung waren, bauten wir Traumschlösser. Der Traum von der großen Liebe. Der Traum vom Erfolg und der großen Karriere. Traumhaft schöne Reisen, Sonnenschein und Glück. Was ist aus unseren Kinderträumen geworden? Wenn Sie zurückschauen: Aus der Traum!
Zerbrochene Träume: Vielleicht haben Sie sich ein Leben lang abgerackert, waren für Ihre Kinder da. Ihre Kinder sollten es einmal besser haben. Aber die Kinder geraten anders, als Sie sich das vorgestellt haben. Heute können Sie nur mit Sorge und bangen Fragen an Ihre Kinder denken. Aus der Traum!
Zerbrochene Träume: Sie fanden Erfüllung in Ihrem Beruf. Ihre Aufstiegschancen waren gut. Ihre Familie war stolz auf Sie. Dann der Zusammenbruch der Firma. Der Arbeitsplatz wurde einfach wegrationalisiert. Wieder: Aus der Traum!
Zerbrochene Träume: Sie haben sich nicht geschont. Sie freuten sich darauf, nach der Pensionierung mehr Zeit für sich zu haben. Sie haben dafür gespart. Doch dann kommt die Krankheit. Oder der Gatte stirbt plötzlich. Sie sitzen allein in den vier Wänden. Aus der Traum!
Wie sollen wir leben in einer Welt, in der unsere besten Hoffnungen enttäuscht werden? Wie können wir mit unseren zerbrochenen Träumen überleben? Ein Verlust tut weh. Den Schmerz will ich nicht einfach hinunterschlucken und verdrängen. Mir ist ein Mensch viel lieber, der es tagelang neben meinen Tränen aushält, als jemand, der mit Witzchen und flotten Sprüchen mir möglichst bald die Tränen abwischen will. Aber es ist auch eine menschliche Erfahrung: das Leben geht weiter.
Wenn wir den Blick von den Bruchstücken vergangener Tage lösen, wenn wir nicht nur an der Vergangenheit kleben, dann wendet sich unser Blick in die Zukunft. Anschaulich ist das beschrieben in der biblischen Geschichte von der Frau des Lot. Sie

war schon auf dem Weg, der sie aus dem Untergang Sodoms errettet hätte. Aber sie bekommt den Blick nicht nach vorne. Sie starrt zurück und erstarrt. Hinter ihr lag die zerstörte Stadt. Vor ihr hätte die Zukunft gelegen.
Jeder Mensch, jedes Volk braucht neue Bilder der Hoffnung. Israel zum Beispiel hätte ohne die Verheißung vom Gelobten Land die vierzig Jahre Wüstenwanderung nicht überstanden. Zum Schluss brachten Kundschafter herrliche Früchte aus dem Gelobten Land und bestärkten das Volk, die Strapazen des Endspurts zu wagen.
Den zerbrochenen Träumen können wir Bilder der Hoffnung entgegensetzen. Bekannt ist das Wort von Martin Luther: „Wenn morgen die Welt unterginge, würde ich heute noch ein Apfelbäumchen pflanzen." In jedem von uns liegt ein Hoffnungspotential. „Nur wer Mut hat zu träumen, hat auch Kraft zu kämpfen", sagte Martin Luther King, der Streiter um Freiheit und Gleichheit. Seine Rede „I have a Dream" lernen heute Schulkinder auswendig. „Ich habe einen Traum, dass die Söhne der Herren und Knechte an einem Tisch sitzen ..." Seinen Traum von der Überwindung der Rassentrennung bezahlte er mit dem Leben. Aber der Traum wurde Wirklichkeit.

Wort in den Tag
Schau ich rückwärts oder nach vorn? Klebe ich an den Bruchstücken der Vergangenheit, oder setze ich auf eine neue Zukunft? Trotz der zerbrochenen Träume gilt: „Nur wer Mut hat zu träumen, hat auch Kraft zu kämpfen."

25. Tag
Die Kraft der Visionen

„Treibt die Bilder mit den Bildern aus!", sagt Meister Eckhart, der große Mystiker des Mittelalters. Meister Eckhart weiß, warum das wichtig ist. Als Mystiker meidet er die äußeren Eindrücke und geht den langen Weg nach innen. Die inneren Bilder prägen unser Fühlen und Denken.
Wir können, heißt es, den Stoffwechsel durch Atommarkierung derart verfolgen, dass wir von einer bestimmten Substanz wissen, welche Zellen sie nährt. Aber wer von uns weiß, wie Bilder in uns wirken, wenn sie durch die Adern des Unbewussten gehen? Welches Tun oder Denken speisen sie, was bereiten sie vor, was speichern sie ab in welchen „Tresoren" und unter welchen Chiffren?
Treibt die Bilder durch die Bilder aus. Welche Bilder setzen sich in meinem Inneren fest? Bilder, die Angst machen? Tief sitzt in mir das Bild vom 11. September 2001, als ich am Fernsehen live miterlebte, wie der zweite Turm in Manhattan einstürzte. Ich sah die Menschen aus den Fenstern in die Tiefe springen. Welche Bilder gehen uns in unseren Träumen nach? Wir sollten unsere inneren Bilder kultivieren, denn sie sind mächtig. Es gibt keine bildfreie Existenz. Das deutsche Wort „Bildung" verdeutlicht, dass wir nicht nur von Zahlen und Formeln, sondern besonders von Bildern gebildet werden.
Die Bibel ist voller Bilder. Jesus schreibt kein Dogmatikbuch mit gescheiten Lehrsätzen, sondern erzählt Gleichnisse – voller Bilder vom Sämann und der selbstwachsenden Saat, vom Senfkorn und vom Sauerteig.
Wie Bilder und Visionen wirken? Drei Steinmetze arbeiten an einer Kathedrale. „Was tust du?", wird der erste gefragt. „Ich behaue einen Stein!", antwortet er. Der zweite sagt: „Ich verdiene Geld für meine Familie." „Was tust du?", wird auch der dritte Steinmetz gefragt. „Ich arbeite an einer Kathedrale." Das innere Bild, das diesem Arbeiter vor Augen steht, gibt seinem Schaffen den Sinn und die Würde.
Sehnsuchtsbilder werden in Visionen und Utopien zum Leben

erweckt. Die einzelne Person, aber auch die Gemeinschaft schöpft aus Wunschlandschaften der Hoffnung.
Schon die biblische Paradieserzählung, die Versuche einer Gütergemeinschaft der Urgemeinde, der ideale „Gottesstaat" des heiligen Augustinus, die Schrift „Utopia" des englischen Lordkanzlers und Heiligen Thomas Morus sind solche Entwürfe im Traumland „Nirgendwo". Die Sehnsuchtsbilder entwickeln Kräfte, um die Zustände, die wir erleben, zu verändern. Aber sie verursachen auch Trauer und Schwermut, weil diese zumeist als Spinnereien abgetan werden.
Mitten im Zweiten Weltkrieg schrieb Stefan Andres sein Werk „Wir sind Utopia": Irgendwo in Spanien wird Paco als Kriegsgefangener in einem Kloster von den Feinden gefangen gehalten. Paco geht in seiner Klosterzelle langsam auf und ab: „Die Heiligen, die Liebenden, die utopischen Träumer dichten immerfort auf ihre Weise an der Welt weiter, und alle merken sie bald – die meisten wenigstens, die besten von ihnen –, dass man die himmlischen Visionen schwer unterbringt auf dieser Welt. Und das stimmt schwermütig, wenn die Bilder reiner Sehnsucht in keinen Rahmen passen wollen, wenn die Wirklichkeit sich scheinbar als ein blindes, wucherndes Gewächs erweist, das die Heiligen, Liebenden und Träumer nur wie parasitische Blattläuse erduldet.
Aber wie traurig wäre die Welt ohne die Schwermut aus ungestillter Sehnsucht! Da erlebte er an sich selbst, sooft er ‚praktisch und vernünftig' werden wollte, nur das ansteuernd, was das körperliche Wohlbefinden verlangte. Das war ein Vorgang, als entschließe sich jemand, beim Anblick der munteren Fische, einer von ihnen zu werden: er stürzt sich hinab – doch merkt er bald, dass, um da unten zu leben, ganz bestimmte Organe vorhanden sein und andere fehlen müssen. Und da war es hernach doch noch viel besser, droben die Schwermut wie eine Atembeklemmung zu haben, als drunten in der Traurigkeit zu ersticken."

Wort in den Tag

Zwei Gedanken sprechen mich besonders an: „Treibt die Bilder mit den Bildern aus!" und „Wie traurig wäre die Welt ohne die Schwermut aus ungestillter Sehnsucht!"

26. Tag
Wir sind Utopia

Jenseits der erfahrbaren Wirklichkeit bahnen Visionen gangbare Wege. Sie sind keine klug erdachten Projekte des Menschen. Visionen kommen aus der Tiefe einer geistigen Mitte. „Sie sind das Einfallstor Gottes für uns Menschen."
Visionen überschreiten Horizonte. Der Horizont ist nur die Grenze des Sichtbaren. Pioniere haben das Land jenseits des Sichtbaren erforscht. Sie schreiben die Landkarten, die uns die zukünftige Reise ermöglichen. Auch Kolumbus hatte eine Vision, dass jenseits von „Terra finistra", dem Ende der Welt an der spanischen Küste, neues Land zu entdecken ist.
Wann entstehen Visionen? Grenzsituationen und Ohnmacht sind die Brutstätten, wo Visionen geboren werden. In Umbruchzeiten, in Gefangenschaft und Krisenzeiten traten die Propheten auf. Solche Propheten und Vordenker sind wichtig, damit das „Volk ohne Visionen" nicht zu Grunde geht (Buch der Sprüche). Die Visionen werden zum Leitstern und Kompass, die aus der „Babylonischen Gefangenschaft" herausführen.
Damit man sich nicht verläuft, ist es ganz wichtig zu unterscheiden. Was ist der Unterschied zwischen Vision und Illusion? Was ist eine Utopie?
Illusionen sind fehlgeleitete Sehnsüchte. Sie sind unrealistische Tagträumereien. Im Schlaraffenland fliegen die gebratenen Gänse auf die Teller. Illusionen sind Irrlichter, die besonders Jugendliche verführen können. Was investieren manchmal junge Menschen, um ihren Idolen nachzueifern. Die Medien produzieren ständig neue Wunschbilder.

Was sind Utopien?
Sie sind Wunschbilder eines künftigen Zeitalters. Zunächst, von einzelnen Menschen ausgehend, sind Utopien subjektiv gestaltete Zukunftsentwürfe, die im Ganzen oder im Detail eine wünschbare zukünftige Gesellschaft skizzieren. Sie kritisieren und überschreiten das Bestehende und entwerfen eine neue Gesellschaft der Gerechtigkeit und Freiheit.

Oscar Wilde schreibt: „Eine Weltkarte ohne das Land Utopia verdient keinen Blick." Und der Philosoph Ernst Bloch meint in seinem Hauptwerk „Das Prinzip Hoffnung", dass die Utopie schon beim kleinsten Tagtraum beginnt: der Lottogewinn, die Reise in den Süden, der neue Freund, die neue Freundin. Immer findet sich in unserem Lebenszusammenhang ein noch nicht eingelöstes, ein „Noch-Nicht".

„Die Visionen brauchen Fahrpläne", sagt Ernst Bloch. Realutopien sind solche Fahrpläne. In der Französischen Revolution und später nach der Aufklärung hat man Konzepte entworfen und versuchte, diese in die Wirklichkeit umzusetzen. Von solchen Ideen wurden viele verführt. Mit Revolution und Gewalt versuchte man sie zu realisieren.

In der Französischen Revolution träumte man von einer Gesellschaft, in der Gleichheit, Freiheit und Brüderlichkeit herrschen. Die Revolution erstickte im eigenen Blut. Im Marxismus und Kommunismus waren die Massen begeistert von der Vision eines „Paradieses auf Erden". Die kapitalistische Klasse wurde gewaltsam beseitigt. Wieder scheiterte die Revolution. Im Nationalsozialismus glaubte man an das tausendjährige Reich germanischer Nation. Die Folgen waren die Vernichtung der Juden und der Zweite Weltkrieg. Durch welche Utopie werden die radikalen Islamisten verführt? Eine Pseudoreligion entwickelt Kräfte, die die ganze Welt in Angst stürzen können. Nicht das Paradies auf Erden, sondern im Himmel wird den Selbstmordattentätern versprochen.

Alle Realutopien begeistern und verführen Menschen, die meistens in Armut und misslichen Umständen leben. Die Sogwirkung der Ideen der „Heilspropheten" auf die Massen ist groß. Man kann nicht warten und will das Paradies herbeizwingen. Mit Gewalt und Revolution hofft man die bessere Gesellschaft zu schaffen.

Utopien sind im Lauf der Geschichte in Misskredit geraten. Aber ohne Visionen geht ein Volk zu Grunde. Es gibt Visionen, die in der Geschichte positive Wirkungen hatten und haben. Ohne die Vision eines geeinten Europas, die Robert Schumann und Konrad Adenauer gleich nach dem Krieg verkündeten, wäre die Europäische Gemeinschaft nicht so schnell auf den Weg gekommen. Heute ist es wichtig, dass die Begeisterung für die Idee „Geeintes Europa“ in den Völkern lebendig bleibt und nicht nur wirtschaftliche Fragen das politische Geschäft bestimmen.

Erich Fromm schreibt: „Wenn das Leben keine Vision hat, nach der man strebt, nach der man sich sehnt, die man verwirklichen möchte, dann gibt es auch kein Motiv, sich anzustrengen.“

Wort in den Tag
Ohne Visionen geht ein Volk zu Grunde. Wie beurteile ich die zukünftige Entwicklung der Gesellschaft, in der ich lebe? Welche Erwartungen und Wünsche habe ich für die Zukunft der Weltgemeinschaft (Globalisierung)?

27. Tag
Biblische Visionen

Die Heilsgeschichte, wie das erste und zweite Testament sie schildern, lebt aus Visionen und prophetischen Sehnsuchtsbildern. Die Verheißungen des Gelobten Landes, des Reiches Gottes, des neuen Jerusalems sind die „Realutopien", die zur Quelle neuer Aufbrüche werden. Gott selbst wird zum Wegbegleiter, zum „Wegegott der Nomaden". Aber die Erfüllung der Verheißung ist nicht Menschenwerk. Nur Gott allein hält die Zukunft in seinen Händen. Die Exodusgeschichte ist nicht abgeschlossen. Die Eschatologie lehrt uns, die Zukunft offen zu halten. So leben wir im immerwährenden Advent.

Abraham, der Vater des Glaubens, erhält von Gott die Verheißung: Land und Nachkommenschaft. „Geh!", heißt das erste Wort. „Zieh weg aus deinem Land" (Gen 12,1f), und Abraham verlässt alles, Sippe und Vaterland, und wird Nomade. Er glaubt an die Verheißung seines Gottes, Er wird nach Ägypten verschlagen. Seine Frau Sara wird alt und bleibt kinderlos. Als er nichts mehr zu erhoffen hat, ruft der „mitgehende Gott" ihn nachts aus dem Zelt und wiederholt sein Versprechen: „Sieh doch zum Himmel hinauf und zähl die Sterne, wenn du sie zählen kannst. So zahlreich werden deine Nachkommen sein." (Gen 15,5)

Weil sich die Verheißungen nicht erfüllen, wird Abraham ungeduldig. Er nimmt die Dinge selbst in die Hand und zeugt mit der Magd Hagar einen Sohn (Gen 16,4). Dann erscheinen die drei Engel und Sara wird im hohen Alter schwanger. Das Unmögliche macht Gott möglich und erfüllt seine Verheißungen.

Mose erhält seine Sendung und die Verheißung des Gelobten Landes am brennenden Dornbusch. „Der Herr sprach: Ich habe das Elend meines Volkes in Ägypten gesehen ... Ich bin herabgestiegen, um sie der Hand der Ägypter zu entreißen und aus jenem Land hinauszuführen, in ein schönes, weites Land, in ein Land, in dem Milch und Honig fließen ..." (Ex 3,7-8) Nach der Befreiung aus der Sklaverei wandert das Volk 40 Jahre durch die Wüste. Immer steht ihnen die Verheißung des Gelobten

Landes vor Augen. Oft geriet ihr Glaube in die Krise. Immer wieder murrten sie gegen Moses und Aaron und sehnten sich zurück nach den Fleischtöpfen Ägyptens (Ex 16,6f.). Der Herr gab ihnen das Manna, die Brunnen in der Wüste und Wasser aus dem Felsen. An der Grenze des verheißenen Landes schickten sie Kundschafter aus. Das störrische Volk brauchte viele Ermutigungen und Zeichen, bis der Herr seine Verheißung erfüllen konnte und sie ins versprochene Land führte. Noch heute beruft sich der Staat Israel auf diese uralten Zusagen (Dtn 11, 22-25).

In der *Babylonischen Gefangenschaft* war Israel kein Volk mehr. Es war zerstreut als Sklavenvolk. Jerusalem, ihr Identifikationsort, lag in Schutt und Asche. Da begannen die Propheten von einem neuen Jerusalem zu sprechen. Die Erinnerung wurde zur Quelle neuer Hoffnung. „Denkt doch daran, wie Gott eure Väter aus dem Sklavenhaus Ägyptens errettet hat." Alle Zeichen und Wunder dienten den Propheten, um dem Volk die Rückkehr nach Jerusalem zu versichern. Jesaja spricht vom Wunder der blühenden Wüste und ermutigt die Verzagten: „Die Wüste und das trockene Land sollen sich freuen, die Steppe soll jubeln und blühen ... Sagt den Verzagten: Habt Mut, fürchtet euch nicht! Seht, hier ist euer Gott! ... Die vom Herrn Befreiten kehren zurück und kommen voll Jubel nach Zion." (Jes 35,1-10)

Das *Reich Gottes* steht in der Mitte der Verkündigung des historischen Jesus. „Kehrt um! Das Himmelreich ist nahe." (Mt 4,17; Mk 1,14f, Lk 3,20) Die messianischen Erwartungen Israels erfüllen sich im Evangelium und in den Wundern, die Jesus tat. Mit den Worten und Taten Jesu ist das Reich Gottes angebrochen, aber erst in Zukunft erfüllt es sich. „Wenn ich aber die Dämonen durch den Geist Gottes austreibe, dann ist das Reich Gottes schon zu euch gekommen." (Mt 12,28) Jesus versteht sich nicht als politischer Befreier, der mit dem Schwert die Römer aus dem Land treibt. In einem langen Lernprozess korrigiert Jesus das Messiasbild selbst seiner Jünger. Nach Ostern klagen die Emmausjünger: „Wir aber hatten gehofft, dass er es sei, der Israel erlösen werde." (Lk 24,21) Das Reich Gottes ist ein Reich der Liebe, der Gerechtigkeit und des Friedens (Bergpredigt). Ohne die Vision vom Himmelreich ist die nachösterliche

Entwicklung des Christentums nicht erklärbar. Später wandelte sich die Naherwartung zu einer Stetserwartung: „Ihr wisst weder den Tag noch die Stunde ...“
Der *neue Himmel* und die *neue Erde*, das *neue Jerusalem* sind die Visionsbilder in der Offenbarung des Johannes. Die Christen, die viele Verfolgungen erleiden, brauchen den Trost dieser Visionen: „Ich sah die Seelen aller, die enthauptet worden waren, weil sie an dem Zeugnis Jesu und am Wort Gottes festgehalten hatten ... Sie gelangten zum Leben und zur Herrschaft mit Christus für tausend Jahre.“ (Offb 20,4) Der endgültige Sieg über Satan wird vorhergesagt. (Offb 20,7-10) Nach allen Kämpfen und nach dem letzten Gericht wird Gott unter den Menschen wohnen. Die neue Welt Gottes (Offb 21,1-8) und das himmlische Jerusalem (Offb 21,9–22,5) werden für alle Zeit bestehen. „Es wird keine Nacht mehr geben und sie brauchen weder das Licht einer Lampe noch das Licht der Sonne. Denn der Herr, ihr Gott, wird über ihnen leuchten, und sie werden herrschen in alle Ewigkeit.“ (Offb 22,5)
Biblische Heilsgeschichte birgt ein großes Hoffnungspotential. Der Visionsvorrat ist unerschöpflich. Die Gläubigen, die auf Gottes Wort vertrauen, leben mit offenem Horizont. Wir stehen, wie gesagt, im immerwährenden Advent.

Was bedeutet Heilsgeschichte für mich heute?
Wir haben nur Zukunft, wenn wir auf Gott vertrauen. Nur aus eigener Kraft vermögen wir nichts. In der Tradition der Heilsgeschichte erinnerte sich das Volk Israel an die Rettungstaten seines Gottes, der sie aus dem Sklavenhaus Ägyptens befreite, am Schilfmeer die Macht des Pharaos vernichtete und in der Wüste den Dürstenden Wasser aus dem Felsen gab. Wenn es eine Chance gibt zu überleben, ist Gott der einzige Grund, der erretten und neue Zukunft schenken kann.
In unserer Zeit, wo der „Homo faber“ glaubt, in eigener Regie die Probleme zu bewältigen, aber immer mehr seine Grenzen erfährt, erbitten manche wieder den Segen des Himmels und die rettende Macht Gottes. Was niemand erwartete, hat unsere Generation erlebt: den Fall der Mauer und den Untergang des Kommunismus. In ihrer Antrittsrede sprach die Bundeskanzle-

rin von Überraschungen, die sie in ihrem Leben erfahren habe. Sie möchte auch weiterhin dieses politische Kalkül der Überraschungen einplanen. Vielleicht ist das die Sprache, wie Realpolitiker nicht nur auf eigene Programme und eigene Leistungen setzen, sondern mit der Macht Gottes rechnen, der uns auch heute noch „überraschen“ kann.

Wort in den Tag

Rechne ich noch mit Überraschungen in meinem Leben?

28. Tag
Kundschafter der Sehnsucht

Aus welchen Quellen schöpfen die Visionen?

Die Memoria – die Erinnerung ist besonders wichtig. Immer wieder erinnern die Propheten in der Babylonischen Gefangenschaft das Volk Israel an die Befreiungstat Gottes aus der Sklaverei Ägyptens. „Denkt nach, was Gott vermag! Erinnert euch, wie Gott eure Väter aus der Hand der Ägypter errettet hat!" (vgl. Ex 7,4f)

Die Weisen und Propheten sehen und verkünden die kommenden Heilstaten Gottes. In Krisenzeiten und turbulenten Phasen sind ihre Visionen unentbehrlich. Sie sind wie ein Kompass, der die Fahrtrichtung klärt. In Umbruchzeiten wird das Fehlen von Propheten schmerzhaft vermisst. Sie sind nicht bequem und reden nicht nach dem Geschmack des Volkes. Aber sie sind Boten und haben eine Sendung, „sei es gelegen oder ungelegen".

Eine weitere Quelle der Verheißungen möchte ich mit dem Wort *„Kundschafter"* bezeichnen. Die erste Geschichte über Kundschafter in der Bibel ist die von der Taube des Noah. (Gen 8,8-12) Noah lässt die Taube aus der Arche fliegen. Sie erkundet, ob die Wasser der verheerenden Sintflut abgeflossen sind. Mit einem Ölzweig im Schnabel – mit dem Zeichen der Hoffnung – kehrt sie zurück. Am Ende steht der Regenbogen. Er wird zum neuen Bundeszeichen. Nie mehr will der Herr die Menschen von der Erde tilgen. Als die Israeliten am Ende der Wüstenwanderung an der Grenze des Gelobten Landes stehen, bekommen sie Angst. Sie haben von Riesen gehört, die das Land bewohnen. Da schicken sie Kundschafter aus. Diese bringen die Früchte des Gelobten Landes und motivieren das Volk, seinen Weg zu Ende zu gehen. (Num 13) An den Grenzen unserer Möglichkeiten brauchen wir auch heute Kundschafter, die uns ermutigen, den Weg weiterzugehen.

Die Engel, die Boten Gottes, greifen manchmal direkt ein, um die Heilsgeschichte auf dem rechten Weg zu halten. Der Engel Gabriel verkündet Maria die Inkarnation des göttlichen Wortes. Der Engel stellt sich dem Paulus vor den Toren von Damaskus

in den Weg oder hilft dem Propheten Elia wieder auf die Beine. Es ist gut, dass man heute die Engel wiederentdeckt hat.
Zeichen, Wunder und Bilder der Hoffnung begleiten die Heilsgeschichte. Die Taube und der Regenbogen, der grüne Zweig vom Ölbaum und Wasser aus dem Felsen mitten in der Wüste. Die Sterne des Himmels, die Abraham zählen soll, und der Stern der drei Könige, der sie zur Krippe führt.
Jesus selbst erfährt den Trost des offenen Himmels bei seiner Taufe und später wieder auf dem Berg Tabor, bevor der Kreuzweg beginnt. Die Stimme aus den Wolken: „Du bist mein geliebter Sohn!“, ist die Proklamation und die Vergewisserung seiner Sendung. Wenn wir aufmerksam leben, entdecken auch wir diese Zeichen. Auch uns gilt das Wort auf dem mühsamen Weg unseres Glaubens: Du bist mein geliebter Sohn! – meine geliebte Tochter!
Ein verlässliches Bild gegen alle Ängste ist *die blühende Wüste*. Das trockene, dürre Land birgt die Verheißung, dass es blühen wird. Ein paar Tropfen Regen, und die Wüste wird zum Garten. „Stärkt die schlaffen Hände, festigt die schlotternden Knie!“ Anschaulicher kann man es den Verzagten nicht zusprechen. „Seid stark, fürchtet euch nicht!“ (nach Jes 35,1f)

Wort in den Tag

Manchmal genügt eine Blume –
und ich entdecke den Himmel in mir.

Manchmal genügen ein paar Takte Musik –
und ich bin in einer anderen Welt.

Manchmal genügt ein Schriftwort am Morgen –
und mein Tag erfährt das Wunder der Verwandlung.

Gott suchen

29. Tag

Gott, du mein Gott, dich suche ich (Ps 63,2)

Die Sprache der Sehnsucht ist das Gebet. Sprache ist Ausdrucksform und Entfaltung der Sehnsucht des Herzens. Sehnsucht im Gebet drückt sich als Hilferuf oder als Lobpreis, als Lebensdurst oder Verlangen nach mystischer Vereinigung aus.
In den Psalmen ist die Sehnsucht des Menschen in Worte gefasst, die für alle Generationen gültig geblieben sind. Alles verändert und wandelt sich. Die großen Errungenschaften der Völker vergehen. Aber die Sehnsuchtssprache der Psalmen wird noch heute im Chor der Mönche und Nonnen gesungen oder als vertraute Zwiesprache mit Gott geflüstert.
Diese Sehnsucht nach Lebenskraft und unzerstörbare Hoffnung buchstabieren die Gebete der Psalmen, die wir „aus der Tiefe" zum Himmel hinaufschicken. „Wenn wir sagen, dass unsere Gebete zum himmlischen Thron aufsteigen, dann bedeutet das, dass sie dort aufgenommen werden wie Kinder, die von einer langen Reise zurückgekehrt sind." (Elie Wiesel) Die Psalmen erinnern uns, dass wir auf der Reise sind – und sie halten das Ziel der Reise fest. Und sie lassen uns buchstäblich erfahren, dass wir nicht allein reisen.
„Beten heißt ja nicht einfach das Herz ausschütten, sondern es heißt, mit seinem erfüllten oder auch leeren Herzen den Weg zu Gott finden und mit ihm reden" (Dietrich Bonhoeffer) Die Psalmen stellen uns in den großen Strom einer Gebetsgeschichte hinein, über der die dem Abraham zugesprochene Verheißung steht: „In dir sollen Segen erlangen alle Geschlechter der Erde" (Gen 12,3).
Ein Schlüsselwort der Psalmen heißt: Sehnsucht. Schon der Prophet Jesaia hat diese Grundbefindlichkeit des Menschen vor Gott in Worte gefasst: „Meine Seele sehnt sich nach dir in der Nacht, auch mein Geist ist voll Sehnsucht nach dir." (Jes 26,9)
Die Sehnsuchts-Sprache der Psalmen klingt so:
Psalm 63,2: Gott, du mein Gott, dich suche ich, meine Seele dürstet nach dir. Nach dir schmachtet mein Leib wie dürres, lechzendes Land ohne Wasser. Darum halte ich Ausschau

nach dir im Heiligtum, um deine Macht und Herrlichkeit zu sehen.
Psalm 38,10: All mein Sehnen, Herr, liegt offen vor dir, mein Seufzen ist dir nicht verborgen.
Psalm 42,2: Wie der Hirsch lechzt nach frischem Wasser, so lechzt meine Seele, Gott, nach dir. Meine Seele dürstet nach Gott, nach dem lebendigen Gott. Wann darf ich kommen und Gottes Antlitz schauen?
Psalm 84,3: Meine Seele verzehrt sich in Sehnsucht nach dem Tempel des Herrn. Mein Herz und mein Leib jauchzen ihm zu, ihm, dem lebendigen Gott.
Psalm 143,6: Ich breite meine Hände aus zu dir; meine Seele dürstet nach dir wie lechzendes Land.
Wie können wir uns Gott nähern? Der Psalm 27,8 zeigt diesen Weg: „Mein Herz denkt an dein Wort: Sucht mein Angesicht! Dein Angesicht, Herr, will ich suchen." Der verborgene Gott wartet darauf, dass wir ihn beharrlich suchen. Es wäre für uns schlimm, wenn wir in der Sehnsucht nach Gott erlahmten.
Mein Lieblingspsalm ist der Psalm 63. Ich spreche und singe ihn in den Laudes am Sonntagmorgen in der Gemeinschaft der Brüder im Klosterchor.
Die ersten Verse des Psalms sind mir zu einem Wiederholungsgebet geworden, zu einem Refrain, der meinen Alltag manchmal unterbricht. „Gott, du mein Gott, dich suche ich." Bei so viel Ablenkung des Alltags sammelt dies Wort und richtet mich wieder aus. „Gott, mein Gott", darf ich sprechen. Und ich bin gewiss, dass diese persönliche Beziehung zu „meinem" Gott mich in die Heils- und Beziehungsgeschichte hineinnimmt.
„Meine Seele dürstet nach dir." Wer Durst kennt, sucht die Quelle, den Brunnen. Israel hat in vierzig Jahren der Wüstenwanderung erfahren, dass Gott selbst die Quellen mitten in der Wüste und Wasser aus dem Felsen schenkt. Kein Getränkemarkt kann heute den Durst der Seele stillen. Alle Sucht ist fehlgelenkte Sehnsucht.
„Nach dir schmachtet mein Leib wie dürres, lechzendes Land ohne Wasser. Darum halte ich Ausschau nach dir." Das Bild vom dürren, lechzenden Land ist jedem Israeliten vertraut. Die Erde sehnt sich nach Regen. Dann blüht mit dem Tau des Himmels

sogar die Wüste. So „schmachtet“ mein Leib. Der ganze Mensch mit Leib und Seele hat Hunger und Durst. Die Libido und Sexualität und die Sehnsucht nach Nähe und Wärme, nach Liebe und Geborgenheit ist meine Sehnsucht nach Erfüllung in Gott. Darum ist mein Herz, mein ganzes Wesen unruhig. (Augustinus) „Ich halte Ausschau nach DIR.“

Wort in den Tag

Kann ich das Wort aus dem Psalm 63 mit Überzeugung nachsprechen: „Gott, du mein Gott, dich suche ich“? Suche ich wirklich?

30. Tag

Die Wüste, der Ort der Begegnung mit Gott

In der Wüste zerbrechen alle Maßstäbe. Das ist die Grenzerfahrung schlechthin: unendliche Weite, Sonnenglut und nächtliche Kälte. Einsamkeit und Stille sind die Erfahrung der Wüste. Trockenheit ist ihr Gesetz und Wasser ihre Sehnsucht. Die Wüste holt den Menschen heraus aus seiner Betriebsamkeit. Wer sich in diese Landschaft hineinwagt, muss warten können. Die Entbehrung der Einöde macht fähig zur Begegnung. Darum ist die Wüste der eigentlich kontemplative Ort, der Ort, wo Gott spricht. Wüste ist nicht nur ein geographischer Ort. Wüste ist wie eine Ikone. Wüste wird zum Zeichen, zur Interpretation meiner Sehnsucht.

„Die Stunden der Einsamkeit müssen mit denen der Gemeinsamkeit in einem bestimmten Verhältnis stehen, sonst verkümmern die Horizonte, und die Gehalte werden zerredet und vertan", schrieb Alfred Delp, der von den Nationalsozialisten ermordet wurde. Er sagte weiter: „Es steht schlimm um ein Leben, wenn es die Wüste nicht besteht oder sie meidet. Das ist eine der bewussten Befreiungstaten, die der Mensch an sich selbst tun muss, dass er sich immer wieder in der Einsamkeit dem ‚großen Frager' und dem echten Anblick der Dinge stellt. Die Wüste gehört dazu."

Die Wüste gehört dazu. Der Marktplatz allein macht unser Leben banal und oberflächlich. „Nur wer in der Wüste daheim ist, hat auf dem Marktplatz etwas anzubieten", sagt ein Sprichwort. Die Beduinen sagen: „Wer aus der Wüste kommt, darf reden." Brauchen wir Stille und Bedenkzeit, damit unsere Worte noch Inhalt haben? Geschwätz und Gerede tönen auf dem Marktplatz aus vielen Mündern und Lautsprechern. Müssen die Stunden der Einsamkeit mit denen der Gemeinsamkeit in einem bestimmten Verhältnis stehen, damit die Gehalte nicht zerredet werden?

In der Einöde und in den unendlichen Weiten der Wüste herrschen intensivere menschliche Beziehungen als in manchen vollgepfropften Hochhäusern unserer dichtbevölkerten Groß-

städte, in denen keiner den anderen kennt. Auf den Straßen hasten wir aneinander vorbei und grüßen keinen mehr. In der Wüste ist es selbstverständlich, dass man Halt macht, wenn man einem Menschen begegnet. Man grüßt einander, erkundigt sich nach dem Woher und Wohin, fragt, ob der andere etwas braucht, ob man helfen kann, ob sonst jemand unterwegs ist. Vor der Riesenkulisse der lebensfeindlichen Wüste gilt der Mensch noch etwas. In der Einöde tritt der Mensch nicht als namenloser Teil einer anonymen Masse auf, sondern als der unverwechselbar Einzelne. Die Begegnung mit ihm ist kostbar.
Nach tagelangen Fahrten durch menschenleere Gegenden erscheint die Begegnung wie ein Wunder. Hier tut sich Tieferes kund. Wahre menschliche Begegnung gelingt nur im Raum des Schweigens und der Stille. So geschieht das Paradoxe: Gerade die Einöde wird zum Ort der Kommunikation, die Leere zum Ort der Begegnung, das Schweigen zum neuen Dialog. Darum ist die Wüste der eigentlich kontemplative Ort, der Ort, wo die Propheten Gottes Wort gehört haben. Alle großen Weltreligionen kommen aus der „Wüste". Auch Jesus ging 40 Tage in die Wüste.
Martin Buber, der große jüdische Bibelforscher, sagt: „Einsamkeit ermöglicht erst Begegnung. In der Betriebsamkeit verlieren wir die Erfahrung, dass wir angewiesen sind auf Gott und den Menschen. Wo der Mensch sein Alleinsein erfährt, erfährt er zugleich, wie sehr seine ganze Existenz ein Schrei nach dem Du ist. Er erfährt, wie wenig er dazu gemacht ist, nur ein Ich in sich selbst zu sein. Einsamkeit ist so wesentlich für die Begegnung wie die Stille für die Musik."
Deshalb übe ich in der Hast und Eile des Alltags die „Unterbrechung". Ich lebe mit Atempausen. Wo ich meinen rasanten Lauf unterbreche, kommt Tieferes in den Sinn. Wenn es sehr eilt, setze ich mich ganz bewusst einen Augenblick hin. Danach geht es besser. „Die Unterbrechung ist die kürzeste Definition für Religion", lese ich beim Theologen Johannes Baptist Metz. In der Unterbrechung liegt die Geburtsstunde der Begegnung mit Gott. Ich habe in der Meditation gelernt und in der Kontemplation manchmal erfahren: Auch Gott begegnet mir nur, wenn ich schweigen und hören kann. Wenn ich still werde und absichts-

los warten kann, schaffe ich Raum für die Begegnung mit ihm. Die Stille und Einsamkeit, die Wüste ist der Ort, wo Gott sich offenbart.

Wort für den Tag

Bring ein Stück Wüste in dein Leben! Die Unterbrechung ist für den Anfang eine gute Übung. Sie kann ein Tor öffnen, durch das uns Gott mitten im Alltag besucht.

31. Tag
Gott allein genügt

Gott allein genügt! – Ist das überhaupt richtig? Das höchste Gebot ist viel ausgewogener: Liebe Gott, den Nächsten wie dich selbst! Soli deo, Gott allein – ist das nicht zu einseitig und zu radikal? Darf man „Gott allein" in die Mitte seines Denkens und Handelns stellen? Stimmt es nicht: Wer bei Gott eintaucht, taucht beim Menschen wieder auf? Oder muss es einige geben, die in dieser gottvergessenen Welt Gott allein im Blick haben? Brauchen wir eine Stellvertretung, damit uns Gott nicht ganz abhanden kommt? Die Benediktinerin Silja Walter schreibt:

> Jemand muss zuhause sein, Herr, wenn du kommst.
> Jemand muss dich erwarten, oben auf dem Berg vor der Stadt.
> Jemand muss nach dir Ausschau halten Tag und Nacht.
> Wer weiß denn, wann du kommst? ...
> Herr, jemand muss dich aushalten, dich ertragen, ohne davonzulaufen.
> Deine Abwesenheit aushalten, ohne an deinem Kommen zu zweifeln.
> Dein Schweigen aushalten und trotzdem singen.
> Dein Leiden, deinen Tod mitaushalten und daraus leben.
> Das muss immer jemand tun mit allen anderen.
> Und für sie.

„Soli deo" ist das anspruchvollste Wort in der Geschichte der Spiritualität. „Gott allein genügt!" sagte Teresa von Avila ihren Schwestern. Einige leben ganz dem Gebet und der Kontemplation. Einige für die anderen, damit die „Tot-Gottes-Verkünder" (z. B. Nietzsche) nicht Recht haben.
Wenn einer neu zur Gemeinschaft der Benediktiner kommt, wird er gefragt, ob er wirklich Gott sucht. „Freund, wozu bist du gekommen? Suchst du wirklich Gott?" Dies ist eine Grundbedingung, sich auf den Weg des Ordenslebens einzulassen. Die Sehnsucht entfaltet sich im Hören, Lauschen, Gehorsamsein.

Kann eine Regel schöner beginnen als mit den Worten: „Höre, mein Sohn ..., neige das Ohr deines Herzens ...“ Dies gilt ein Leben lang. Mit Gott kommt man nicht ans Ende. Der heilige *Benedikt* wurde gefragt, was den guten Mönch kennzeichnet: „Dass er beharrlich Gott sucht!“ Man sollte meinen, nach vielen Jahren der Kontemplation und Versenkung in Gott sei man angekommen.

Bei *Augustinus* gibt es eine schöne Beschreibung dazu: „Mögen wir suchen, was gefunden werden soll, und immer noch suchen, nachdem wir es gefunden haben; denn was gefunden werden soll, ist verborgen, damit es gesucht wird, und was gefunden wird, ist unendlich, damit es ohne Aufhören gesucht wird.“

Basilius spricht von einer „brennenden, nie zu stillenden Sehnsucht“, Gott zu gefallen. Man erlangt sie durch das dankbare Gedenken und die ununterbrochene Erinnerung an die uns von Gott geschenkten Güter. „Wie der Hirsch verlangt nach Wasserquellen, so verlangt meine Seele nach dir, mein Gott.“ (Ps 42,1)

„Maranatha! – Herr, komm bald!“ An diesen adventlichen Ruf unserer Sehnsucht musste ich öfters denken, als ich mit einer Priestergruppe auf dem Berg Athos war. Mit der Erlaubnis des Patriarchen von Konstantinopel besuchten wir vier Klöster. Wachen und beten ist der Dienst der Mönche. Einige müssen wach bleiben, um die Ankunft des Herrn nicht zu versäumen. „Denn er kommt wie der Dieb in der Nacht.“ Nicht Weltflucht ist das Ziel, sondern eine neue Nachdenklichkeit.

Um drei Uhr in der Nacht sammeln sich die Mönche zur Feier der heiligen Liturgie. Unter den Kuppeln der Kirche, die wie ein Dach für die Seele, wie eine Schutzhöhle, wie eine bergende Hand sind, stimmen die Mönche den Lobpreis an. Hier sind die Kraftorte auf dem Berg Athos. In den zwanzig Klöstern mit zweitausend Mönchen ist alles auf Gott ausgerichtet. Auf dem Athos ist der Tag, der nachts um drei beginnt, durch die Feier der göttlichen Liturgie, durch das immerwährende Gebet, durch die Askese und geistliche Begleitung ganz auf Gott ausgerichtet. Alles andere weglassen und nicht mit Vordergründigem vertun. Das ist keine selbstquälerische Askese, sondern die Freiheit des Herzens, das sich verliebt hat.

Im Vorraum der Kirche müssen wir warten, bis ein Mönch uns in das Heiligtum hineinholt. Die flackernden Öllampen vor den Ikonen erleuchten den Raum nur spärlich. An den Wänden mit den alten Fresken der Wüstenväter und Heiligen stehen die Mönche unbewegt in den engen Chorstühlen. Ihr Holz ist durch die Hände der Betenden ganz glattgerieben. Schon im 9. und 10. Jahrhundert sind an diesen Orten die Psalmen und Vätertexte vorgetragen worden. Wir lauschen den melodischen Stimmen der Vorsänger. Ein Mönch schreitet durch den Raum mit Weihrauchfass und kleinen Schellen, verneigt sich vor den Ikonen und schwingt sein Rauchfass. Dann verneigt er sich vor den Mönchen und auch vor uns. Der Duft des Weihrauchs erfüllt den Raum. Sind auch wir sichtbare Bilder Gottes wie kostbare Ikonen? Dann, überraschend für uns, bewegen sich alle im Raum, eilen zu den wundertätigen Ikonen, verbeugen sich tief, küssen die Ikonen, die das Heilige präsent machen.
„Betet allzeit“, hat der Apostel Paulus geschrieben. Als „Ruminatio“ – als immer wiederkehrenden Gebetsruf: „O Gott, komm mir zu Hilfe – Herr, eile mir zu helfen.“ Auf dem Berg Athos ist das „Kyrie eleison“ das immerwährende Gebet der orthodoxen Mönche bei ihrer Liturgie zur Nachtzeit und bei der Arbeit am Tage. Sogar im Schlaf sollen einige es weitermurmeln: „Kyrie eleison“.

Wort in den Tag

Am letzten Tag auf dem Berg Athos gab uns einer der Mitbrüder einen Text, den ich Ihnen weitergeben möchte:
Den Mönch in mir entdecken – auch ohne Klostermauern, ohne Kutte und ohne den radikalen, bis an die Wurzeln des Menschseins gehenden Anspruch an sich selbst. Für uns mitten im Leben stehende Menschen könnte das heißen: Offen zu sein, um ein wenig von den Quellen dieses großen Stromes menschlicher Überlieferung zu lernen, von den Geschenken der Stille und des Schweigens, des Loslassens und des „leichten Gepäcks“, des Staunens, der Dankbarkeit und Freude ...
Zu wissen, dass alles Menschliche – auch das Leben der Mönche – bruchstückhaft und unvollkommen ist und keiner einen sicheren Vorsprung hat.

Aber auch neugierig zu sein, um die noch in uns schlummernden Möglichkeiten zum Leben zu erwecken – und sich nicht mit weniger zufrieden zu geben. Und jedenfalls zu versuchen, das „Spiel der Welt“ nicht unbesehen mitzumachen. Der *Mönch in mir*, das wäre der Versuch, sich öfter auf den ruhenden Punkt in uns zurückzuziehen. In die Höhle des eigenen Herzens. Denn der Weg nach innen ist der Weg nach Hause.

32. Tag

Mein Herz denkt an dein Wort: „Sucht mein Angesicht!“ (Ps 27,8)

Was hilft uns eigentlich, Gott näher zu kommen? Auf welches Wort können wir uns verlassen? So viele Wörter und Parolen, so viele Täuschungen und Lügen. „Herr, zu wem sollen wir gehen? Du hast Worte des ewigen Lebens.“ (Joh 6,68) Zeigt uns auch heute Gottes Wort den Weg?
Wer Gott sucht, tappt nicht im Dunkeln. Jesus Christus ist der Logos. Die Heilige Schrift ist Offenbarungswort. Sie kann uns auch heute Orientierungshilfe sein. Wenn das Herz berührt wird, kommt der Mensch in Bewegung. Ich suche den Weg, Gott im Alltag zu begegnen. Ich möchte die Spuren seiner Gegenwart dort entdecken, wo ich stehe und mich bewege, wo ich arbeite und schlafe. Ich lebe nicht beziehungslos. „Mein Herz denkt an dein Wort: ‚Sucht mein Angesicht!‘ Dein Angesicht, Herr, will ich suchen“ (Ps 27,8). Das Wort Gottes ist der verlässliche Weg, um seine Nähe zu spüren.
Viele haben durch das Wort Gottes ihre Berufung empfangen. Vom Kreuz, das im zerfallenen Kirchlein San Damiano hing, erhielt Franz von Assisi sein Berufungswort: „Franz, stelle mein Haus wieder her!“ Er verstand es wörtlich und restaurierte drei kleine Kapellen. Aber sein Weg wurde erst nach sieben Jahren des Suchens geklärt. An einem Apostelfest nimmt er an der Messe teil. Sechs Jahre der Unsicherheit und der quälenden Suche sind inzwischen vergangen. Dann hört er das Tagesevangelium: „Nehmt nichts mit auf den Weg, keinen Wanderstab und keine Vorratstasche, kein Brot, kein Geld und kein zweites Hemd ...“ (Lk 9,3)
„Das ist es, was ich suche!“, ruft Franziskus aus. Kein großes Ereignis, das Tagesevangelium gibt ihm die Antwort, wird ihm zur Gewissheit seines Weges. Als sich später zwei angesehene Bürger seinem Weg anschlossen, wusste Franz nicht, ob er sie annehmen sollte, denn er wollte keinen Orden gründen. Die drei gingen in die kleine Stadtkirche San Nicolo und ließen sich vom Priester dreimal die Bibel aufschlagen. Diese drei Stellen aus

dem Evangelium wurden zur Urregel der franziskanischen Brüdergemeinschaft.
Die Bibel kann auch heute zum Buch werden, das uns Gottes Willen offenbart. Viele haben im Labyrinth ihres Lebens durch das verlässliche Wort Gottes Klarheit gefunden. Wer sich in unseren Tagen auf den Weg macht, Gott zu suchen, sollte die Bibel zur Hand nehmen. „Dein Wort, Herr, sei meinem Fuß eine Leuchte, ein Licht auf meinen Wegen“, sagt der Psalm 119. Spurensuche nach Gott im Alltag unseres Lebens?
Paul Roth empfiehlt den Umgang mit der Heiligen Schrift mit folgenden Worten:
„Einmal am Tag, da solltest du ein Wort in deine Hände nehmen, ein Wort der Schrift.
Sei vorsichtig, es ist so schnell erdrückt und umgeformt, damit es passt. Sei einfach einmal still. Das Schweigen, Hören, Staunen ist bereits Gebet und Anfang aller Wissenschaft und Liebe. Betaste das Wort von allen Seiten, dann halt es in die Sonne und leg es an das Ohr wie eine Muschel. Steck es für einen Tag wie einen Schlüssel in die Tasche, wie einen Schlüssel zu dir selbst.“
Ich kenne Menschen, die beginnen ihren Tag mit einem Bibelwort. Einige Verse der Heiligen Schrift, besonders aus dem Buch der Psalmen, stellen sie an den Anfang des Tages. Eine Mutter erzählte mir: „Wenn morgens die Kinder zur Schule und aus dem Haus sind, gönne ich mir in aller Ruhe und Gemütlichkeit eine Tasse Kaffee. Dabei schlage ich die Bibel auf und suche mir ein Wort für den Tag. Das schreibe ich mir auf und hänge den Zettel ans Pinnbrett. So fällt mein Blick öfters am Tag auf das Bibelwort. Wenn ich Ärger habe oder mich freue, habe ich das Wort vor Augen. Mein Alltag ist der Exeget und Interpret der biblischen Botschaft. Manchmal bin ich erstaunt, welche Orientierungshilfe ein Wort sein kann.“
Die Bibel versteht sich nicht als schöne Literatur für erbauliche Stunden. Sie ist zwar das besterforschte Buch der Welt. Sprachwissenschaftler und Exegeten, Archäologen und Kunsthistoriker haben sich ausgiebig mit diesem Buch beschäftigt. Aber man kann die Hl. Schrift untersuchen und Textvergleiche machen, man kann die literarischen Formen beschreiben und ihre

Sprachkunst bewundern, man wird ihr eigentliches Anliegen nicht verstehen. Die Bibel unterscheidet sich von allen Drehbüchern dieser Welt, denn sie verträgt keine Zuschauer. In diesem Buch spielen wir selber mit. Welche Rolle wir übernehmen, ist nicht die erste Frage. Wichtig allein ist, dass wir mitspielen.
Ich möchte die Worte der Hl. Schrift buchstabieren – immer wieder neu. Vielleicht habe ich einige Zeilen entziffert, aber die Übersetzung in mein Leben ist nur Stückwerk. Mich beunruhigt nicht mein Stottern und Stammeln. Ist doch die glatte Formulierungskunst dem Wort Gottes nicht angemessen. Was mich beunruhigt? Die Schwerhörigkeit! Im Lärm der vielen Wörter höre ich nicht mehr sein Wort. Im täglichen Umgang wird auch das Schriftwort zur Alltäglichkeit.
Ich erbitte mir die Aufmerksamkeit des Herzens, damit sein Wort mich antreibt und nicht zur Ruhe kommen lässt. Es soll der Stachel sein, der mich immer wieder anstachelt. Das Wort will auch in meinem Leben sichtbare Gestalt annehmen. Dazu brauche ich kein Bibelwissenschaftler zu sein. Jeder kann damit beginnen, wie Roger Schütz sagt: „Lebe das vom Evangelium, was du begriffen hast, und sei es noch so wenig, aber lebe es!“

Wort in den Tag

Ich suchte meinen Weg zu dir,
da gingst du deinen Weg zu mir,
und gabst ihn mir als Weg zu dir.
Helga Rusche

33. Tag

Sternstunden

Mit besonderer Aufmerksamkeit lese ich öfters die Geschichte der „Drei Könige“. Es ist für mich eine exemplarische Geschichte für den Weg, den „Gottsucher“ gehen müssen.

Die Erzählung der Drei Könige ist in der Bibel anschaulich gestaltet: „Als Jesus zur Zeit des Königs Herodes in Bethlehem in Judäa geboren worden war, kamen Sterndeuter aus dem Osten nach Jerusalem und fragten: Wo ist der neugeborene König der Juden? Wir haben seinen Stern aufgehen gesehen und sind gekommen, um ihm zu huldigen.“ (Mt 2,1f) So beginnt die Erzählung.

Die drei Weisen aus dem Morgenland bekommen in der Sprache, die sie verstehen, ein Zeichen. Wie reagieren fromme Heiden auf das Zeichen des Himmels? Sofort brechen sie auf und machen sich auf den Weg. Ohne Landkarte und Routenbeschreibung folgen sie dem Stern.

Stand der Stern von Bethlehem einst wirklich am Himmel? Der Astronom Konradin Ferrari d'Occhieppo, ein Forscher und Kenner der babylonischen Keilschrift, entdeckte vor einigen Jahren diese Interpretation in babylonischen Keilschrifttexten: Anfang September im Jahr Sieben vor Christus sahen babylonische Astrologen eine seltsame Erscheinung am Nachthimmel. Jupiter und Saturn schienen im Sternbild der Fische plötzlich zu einem Stern zu verschmelzen. Da Jupiter der Stern des babylonischen Gottkönigs Marduk war, Saturn hingegen derjenige Israels, wurde das Ereignis als Vorzeichen der Vereinigung der beiden Götter und als Geburt eines neuen Gottkönigs gedeutet. Nach dieser Interpretation brachen die babylonischen Astrologen auf, um einen neuen heidnischen Gottkönig zu suchen. Für mich bedeutet das, dass der Weg der Gottsuche viele Umwege kennt. Auch heute kann er manchmal über Esoterik und auch magische Praktiken führen.

Als der Stern zeitweise verschwunden war, mussten die drei Magier aus dem Osten neu suchen. Es gibt Wegstrecken, da tappen sie im Dunkel. Da scheint ihr langer Weg der Entbehrung sinnlos. Da sieht es aus, als hätten sie sich mit der Deutung der Sterne geirrt. In solchen Situationen brauchen sie Ratgeber. Jeder, der die Spuren Gottes in seinem Leben sucht, erfährt Dunkelheit und Zweifel. Er muss sehr achtsam und sensibel immer wieder neu Ausschau halten. Er darf nicht aufgeben und resignieren.

Die drei Weisen aus dem Morgenland ziehen zum Palast des Herodes. Das war doch die Botschaft des Sternes. Ein neuer Gottessohn konnte nur in einem Palast geboren werden. Aber Herodes, dieser geistlose und materialistisch orientierte Mensch, hat keine Ahnung. Er bekommt Angst und denkt nur an seinen Machterhalt. Das bedeutet, dass alle, die die Wahrheit suchen, damit rechnen müssen, dass sie missbraucht und hintergangen werden.

Die biblische Erzählung berichtet: „Als König Herodes das hörte, erschrak er und mit ihm ganz Jerusalem. Er ließ alle Hohenpriester und Schriftgelehrten des Volkes zusammenkommen und erkundigte sich bei ihnen, wo der Messias geboren werden solle. Sie antworteten ihm: In Betlehem in Judäa; denn so steht es bei dem Propheten: Du, Betlehem im Gebiet von Juda, bist keineswegs die unbedeutendste unter den führenden Städten von Juda; denn aus dir wird ein Fürst hervorgehen, der Hirt meines Volkes Israel. Danach rief Herodes die Sterndeuter heimlich zu sich und ließ sich von ihnen genau sagen, wann der Stern erschienen war. Dann schickte er sie nach Betlehem und sagte: Geht und forscht sorgfältig nach, wo das Kind ist; und wenn ihr es gefunden habt, berichtet mir, damit auch ich hingehe und ihm huldige. Nach diesen Worten des Königs machten sie sich auf den Weg.“ (Mt 2,3-9)

Die Schriftgelehrten sind die Ratgeber. Sie sind im Besitz der alten Verheißungen. Sie können Auskunft geben, tun aber keinen Schritt. Sie besitzen die richtigen Informationen, aber bewegen sich nicht. Sie sind wie Wegweiser, die den Weg selber nie gehen.

Die Quelle der Erkenntnis ist die Bibel. Das Wort Gottes lenkt nun den Schritt der Drei Könige. Gottes Wort ist wie ein Stern in der Nacht. Viele, sehr viele haben in Ratlosigkeit die Bibel aufgeschlagen und Weisung erhalten. Wer Gott sucht, sollte ei-

nen geistlichen Begleiter suchen und die Heilige Schrift als Quelle entdecken.
Von neuem machten sich die Sterndeuter auf. Im Bericht des Evangeliums heißt es: „Und der Stern, den sie hatten aufgehen sehen, zog vor ihnen her bis zu dem Ort, wo das Kind war; dort blieb er stehen. Als sie den Stern sahen, wurden sie von sehr großer Freude erfüllt. Sie gingen in das Haus und sahen das Kind und Maria, seine Mutter; da fielen sie nieder und huldigten ihm. Dann holten sie ihre Schätze hervor und brachten ihm Gold, Weihrauch und Myrrhe als Gaben dar." (Mt 2,9-11)
Der Stern mutete den drei Weisen allerhand zu. Über einem Stall blieb er stehen. Wo sie einen Königssohn in einem Palast suchten, beugten sie vor einem Kind in der Krippe ihre Knie. Die Gaben Gold und Weihrauch sind Zeichen der göttlichen Königswürde dieses Kindes. Die bittere Myrrhe ist Zeichen für den Heiland der Welt, der alle Leiden heilen kann. So findet heidnischer Sternenglaube die Erfüllung aller Sehnsucht in der Inkarnation des göttlichen Wortes.
Und auch dies ist wichtig: Zur rechten Zeit erscheint der Stern wieder! Gott lässt uns den Weg suchen, Schritt für Schritt. Er drückt uns am Anfang keine Straßenkarte mit eingezeichneter Route in die Hand. Aber zur rechten Zeit schickt er seine Wegweiser – manchmal durch gute Freunde oder unscheinbare Zufälligkeiten. Wer sich führen lässt, kommt auch auf Umwegen und durch Nacht und Dunkelheit ans Ziel.
So kann ich nur wünschen und bitten: Schick uns den Stern zur rechten Zeit, damit wir Deine Wege nicht verpassen, sondern Deine Spuren entdecken und erkennen!

Wort in den Tag

Was war für mich wie Licht auf dem Weg in dunklen Stunden meines Lebens? Gibt es Zeichen und Wegweiser, die mir hilfreich waren?

34. Tag
Die Zeichen der Zeit deuten

Ist die Gottsuche wie ein Versteckspiel der Kinder? Ein Theologe meinte: Der verborgene Gott klagt, dass ihn heute niemand mehr suche. Aber es gibt auch die andere Erfahrung: „Glaube liegt in der Luft!“ (Lothar Zenetti)
Was mir Hoffnung macht, nachdem ich acht Jahre in der City-Seelsorge in Frankfurt gearbeitet habe? In vielen seelsorglichen Gesprächen und geistlichen Begleitungen habe ich erfahren, dass die Gottesfrage die Menschen bewegt. Es gibt Anzeichen, dass die Säkularisation ausläuft. Man spricht vom Megatrend Religion.
Am Ende der Säkularisierung boomt der Markt für Sinnvermittlung und Lebensorientierung – und das gerade in der Großstadt, dem Zentrum einer säkularisierten Zivilisation. „Die Religion kehrt wieder“, schreibt Prof. Paul Zulehner aus Wien. Zwar ist für viele der Himmel verschlossen, aber in ihren Herzen ist eine maßlose Himmelssehnsucht. Man spricht von der Respiritualisierung unserer Zeit, die ein Protest und Aufstand gegen die Banalisierung unserer Gesellschaft sei.
Vor 40 Jahren noch sprachen die Soziologen davon, dass der Einfluss der Religionen und damit der Kirchen in der säkularisierten Gesellschaft immer geringer werde. Mit dem Aufstieg der Moderne gehe der Abstieg der Religion einher. Die moderne Welt werde zunehmend „entzaubert“. Das Irrationale werde durch den Fortschritt der Wissenschaft beseitigt, behaupteten viele. Die These aber „Je moderner, desto säkularisierter“ war falsch.
In der Postmoderne wurden diese Behauptungen widerlegt. Heute sind sich viele Soziologen einig, dass Religion wieder Zukunft hat. Ihre These lautet: „Je säkularisierter die Gesellschaft, umso religionsproduktiver ist sie.“ Harvey Cox schrieb 1965 sein Buch „Stadt ohne Gott“. 30 Jahre später spricht er von der Rückkehr der Engel.
Meine Erfahrungen in der City-Seelsorge in Frankfurt und auch in der Internetseelsorge begründen die Überzeugung, dass es

immer mehr Menschen gibt, die ihr bisheriges Lebenskonzept hinterfragen und auf der Suche sind. Viele beklagen den Schwund an praktizierenden Christen. Wir schließen Kirchen oder widmen sie um, wie es so schön heißt. Dennoch bin ich als Seelsorger nicht enttäuscht und frustriert. Das allgemeine Klagelied kann ich nicht mitsingen. Ich habe die Überzeugung gewonnen, dass der Glaube und damit die Kirchen gerade in der Stadt Zukunft haben. Wer die Schicksalswege von Menschen in der Stadt begleitet, erfährt, dass über alle Abgründe hinweg und durch alles Beziehungselend hindurch Gott sich auch heute ins Spiel bringt. Es gibt immer mehr, die buchstäblich „Gott suchen".
Vor kurzem erschien ein Buch von Wolfram Weimer mit dem Titel: „Credo – Warum die Rückkehr der Religion gut ist." Weimer ist Gründer und Chefredakteur von „Cicero". „Journalist des Jahres" 2004 und 2002 geehrt mit dem „World Newspaper Award". Ich zitiere aus dem Vorwort und die Schlusszeilen dieses Buches:

> Das 21. Jahrhundert wird ein Zeitalter der Religion. Gott kehrt zurück, und zwar mit Macht – im doppelten Sinne des Wortes. Nicht nur als philosophische Kategorie, revitalisierte Tradition, theologische Überzeugung oder spirituelle Kraft. Er kommt mitten hinein in den politischen Raum. Dieses Traktat vertritt die These, dass sich der Säkularisierungsprozess umkehren wird. Wir gehen vom postmodernen ins neoreligiöse Zeitalter.
> Dabei schien Gott schon mausetot. Sie hatten ihn systematisch umgebracht, die Philosophen, die Psychologen, die Ideologen der abendländischen Neuzeit. Friedrich Nietzsche und Charles Darwin, Arthur Schopenhauer und Karl Marx und all ihre Epigonen. Sigmund Freud diagnostizierte den Gottesmord zutreffend als die große „Kränkung" der Moderne. Das 20. Jahrhundert und seine gottvergessenen Ideologien dokumentierten dies schließlich mit pathologischer Brutalität. Am Ende besorgten der Alltags-Atheismus und die Vergesslichkeit eines materialistischen Zeitalters den Rest. Die postmodernen Wohlstandsgesellschaften spülten

sogar die kulturellen Restbestände des Christentums aus dem Bewusstsein einer geistig zerstreuten Zeit. Scheinbar. Denn nun geschieht das völlig Unerwartete: Gott kehrt plötzlich zurück. Die Religion erlebt rund um den Erdball eine Renaissance, die kaum einer für möglich gehalten hätte.
Es gibt ganz offensichtlich jene urwuchtige spirituelle Kraft, die aus der Tiefe des menschlichen Wesens gespeist wird. Sören Kierkegaard wähnte gar: „Der Glaube ist die größte Leidenschaft des Menschen." Man kann es auch Heimweh nach Gott nennen. Dieses Heimweh wird stärker. Vielleicht wird der Mensch des 21. Jahrhunderts wieder Mystiker, vielleicht wird sein Heimweh der Reflex auf die Raserei der Moderne, vielleicht wird der Religiöse der eigentliche Revolutionär unserer Zeit, vielleicht wird er irgendwann erklären: Credo, ergo sum.

Wort in den Tag

Glaube liegt in der Luft
Es ist nicht zu leugnen:
was viele Jahrhunderte galt, schwindet dahin.
Der Glaube, höre ich sagen, – verdunstet.
Gewiss, die wohlverschlossene Flasche
könnte das Wasser bewahren.
Anders die offene Schale: sie bietet es an.
Zugegeben,
nach einiger Zeit findest Du trocken die Schale.
Das Wasser schwand.
Aber merke: die Luft ist jetzt feucht.

Wenn der Glaube verdunstet,
sprechen alle bekümmert von einem Verlust.
Und wer von uns wollte dem widersprechen?
Und doch: einige wagen es trotz allem zu hoffen.
Sie sagen: spürt Ihr's noch nicht?
Glaube liegt in der Luft!

Lothar Zenetti

Gottes Sehnsucht ist der Mensch

35. Tag
Heilsgeschichte ist eine Liebesgeschichte

„Um unseres Heiles willen ist er vom Himmel herabgestiegen“, heißt es im Glaubensbekenntnis. Gott thront nicht fern über Wolken. Er hat ein leidenschaftliches Interesse an uns Menschen. Heilsgeschichte ist eine Sehnsuchts-Geschichte Gottes nach uns. Heilsgeschichte ist eine Liebeserklärung Gottes an uns Menschen.

Viele, die unsere Gesellschaft näher analysieren, beklagen die Kälte und Gleichgültigkeit. Der Verhaltensforscher Konrad Lorenz spricht vom „Kältetod der Gefühle“, einer Todsünde der zivilisierten Menschheit. Der Theologe Jürgen Moltmann spricht von der Apathie. Der Philosoph Leszek Kolakowski beklagt die universale Gleichgültigkeit. In dieser gefühlskalten Welt ist man einander fremd, weder freundlich noch feindlich, einfach neutral, uninteressant, egal!

Wie können wir uns gegen den Kältetod wehren? Gutgemeinte Sprüche wie „Seid nett zueinander!“ helfen uns nicht weiter. Was haben wir als Christen dagegenzusetzen? Gegen Hartherzigkeit und Herzlosigkeit, gegen die universale Gleichgültigkeit? Wenn ich die Bibel richtig verstehe, dann ist der Gott, den sie verkündet, keine kalte, stumme Himmelsmacht, kein Gott auf Distanz fern über den Wolken. Nein, Gott schließt einen Bund mit seinem Volk. Er macht sich verletzbar in seiner Liebe. Er hat leidenschaftliches Interesse an uns Menschen. Er leidet am Abfall seines Volkes. Er ist sogar eifersüchtig. Als Theologiestudent fand ich die Vorstellung von einem Gott, der eifersüchtig und zornig ist, allzu menschlich. Ich meinte, man müsste das Gottesbild von diesen anthropomorphen Bildern reinigen. Der transzendente, abstrakte Gottesbegriff schien mir der Wirklichkeit mehr zu entsprechen. Später habe ich begriffen, dass solche Theorien und Abstraktionen den Glauben verkümmern lassen. Heute höre ich gerne andere Worte und nehme sie in mir auf. Jahwe spricht: „Kann denn eine Frau ihr Kindlein vergessen, eine Mutter ihren leiblichen Sohn? Und selbst wenn sie ihn vergessen würde: ich vergesse dich nicht.“ (Jes 49,15; vgl.1 Kön 3,26; Jer 31,20)

Heilsgeschichte ist die Beziehungsgeschichte Gottes mit uns Menschen. Am Anfang zeigt er sich im brennenden Dornbusch. Aus dem Feuer, das brannte und nicht verbrannte, offenbart er seinen Namen für alle Generationen: „Ich bin der Ich-bin-da" (Ex 3,14). Jahwe ist ein Gott, der Anteil nimmt, der sich einlässt auf unsere Geschichte. Der Schrei der Geknechteten und Gequälten dringt an sein Ohr. Das lässt ihn nicht gleichgültig. Im Buch Exodus (3,7-9) heißt es: „Der Herr sprach: Ich habe das Elend meines Volkes in Ägypten gesehen, und ihre laute Klage über ihre Antreiber habe ich gehört. Ich kenne ihr Leid. Ich bin herabgestiegen, um sie der Hand der Ägypter zu entreißen und aus jenem Land hinaufzuführen in ein schönes, weites Land, in ein Land, in dem Milch und Honig fließen."

Ist das nicht eine wichtige Zusage auch für unsere Zeit: Ein Gott, der an unserer Not Anteil nimmt? Ein Gott als Wegbegleiter durch alle Höhen und Tiefen des Lebens, der uns nicht im Stich lässt? Ein Gott, der ein leidenschaftliches Interesse an uns hat? Man kann den Gottesnamen „Jahwe" ins Lateinische übersetzen mit: „interesse", das heißt „dazwischen sein". Manchmal helfen uns solche begrifflichen Annäherungen, eine Wirklichkeit besser zu erfassen. Wir glauben einem Gott, der ein bedingungsloses Interesse an uns Menschen hat. Er ist nicht ein „Gott an sich" fern über Wolken, der sich selbst genügt. Er ist ein Gott für uns, der in Beziehung treten will mit uns. Er ist der Gott des Bundes, der ein leidenschaftliches Interesse an jedem Einzelnen von uns hat.

Auch in der Offenbarung seines Namens „Immanuel" zeigt Gott sich als der Mitgehende, als Wegbegleiter. Er ist der verlässliche Freund an unserer Seite. „Muss ich auch wandern in finsterer Schlucht, ich fürchte kein Unheil, denn du bist bei mir" (Ps 23,4).

Schließlich sendet er seinen eigenen Sohn: „Gott hat die Welt so sehr geliebt, dass er seinen einzigen Sohn hingab, damit jeder, der an ihn glaubt, nicht zugrunde geht, sondern das ewige Leben hat." (Joh 3,16). Kreuz und Auferstehung sind der Gipfel der leidenschaftlichen Beziehungsgeschichte Gottes mit uns Menschen. Das Schlüsselwort zum Verständnis der Liebe Gottes zu uns hören wir in jeder Eucharistiefeier: «pro vobis» – für

euch hingegeben. Christus riskierte sein Leben für uns. „Es gibt keine größere Liebe, als wenn einer sein Leben für seine Freunde hingibt.“ (Joh 15,13)
Papst Benedikt hat die Leidenschaft Gottes zu uns in seiner ersten Enzyklika so zusammengefasst: „Schon im Alten Testament besteht das biblisch Neue nicht einfach in Gedanken, sondern in dem unerwarteten und in gewisser Hinsicht unerhörten Handeln Gottes. Dieses Handeln Gottes nimmt seine dramatische Form nun darin an, dass Gott in Jesus Christus selbst dem ‚verlorenen Schaf‘, der leidenden und verlorenen Menschheit, nachgeht. Wenn Jesus in seinen Gleichnissen von dem Hirten spricht, der dem verlorenen Schaf nachgeht, von der Frau, die die Drachme sucht, von dem Vater, der auf den verlorenen Sohn zugeht und ihn umarmt, dann sind dies alles nicht nur Worte, sondern Auslegungen seines eigenen Seins und Tuns. In seinem Tod am Kreuz vollzieht sich jene Wende Gottes gegen sich selbst, in der er sich verschenkt, um den Menschen wieder aufzuheben und zu retten – Liebe in ihrer radikalsten Form ... Diesem Akt der Hingabe hat Jesus bleibende Gegenwart verliehen durch die Einsetzung der Eucharistie während des Letzten Abendmahles.“ (Papst Benedikt XVI., «Deus caritas est», Jesus Christus – die fleischgewordene Liebe Gottes, 12-13)
Gott selbst ist in seinem innersten Wesen Beziehung. Die innigste Liebesbeziehung besteht zwischen Vater, Sohn und Heiligem Geist. Das bekennen wir Christen vom dreifaltigen Gott. Der Eine ist Herrscher. Der Eine ist mächtig und allmächtig. Der Eine sitzt auf dem Thron und ihm gebührt Ehrfurcht. Die Ehrfurcht wird bei einigen zur Furcht und Angst. Der Dreifaltige aber ist ein Gott der Beziehungen, er ist barmherzig. Er ist Liebe. Und an diesem Austausch der Liebe zwischen Vater, Sohn und Geist will er sogar den Menschen teilnehmen lassen. In diese Liebesbeziehung zieht Gott den Menschen hinein. „Die Liebe Gottes wurde unter uns dadurch offenbart, dass Gott seinen einzigen Sohn in die Welt gesandt hat, damit wir durch ihn leben.“ (1 Joh 4,9) Von Gott geht eine Kraft aus, die die ganze Welt durchdringt und umarmt. Er lässt uns nicht als Waisen zurück. Er sendet den Heiligen Geist. Er ist alle Tage bei uns bis ans Ende der Welt.

Das Christentum ist die Religion einer Liebesgeschichte zwischen Gott und Mensch. Im Herzen der Botschaft Jesu befindet sich der Mensch. Er ist das Ziel der Inkarnation und der Erlösung. Der Mensch ist „Angelpunkt“ des Reiches Gottes. Der Ort in der Welt, an dem Gott gegenwärtig ist, ist der Mensch.
Wenn unsere Generation unter Gleichgültigkeit und Distanz leidet, dann müssen wir die alten Quellen wieder entdecken, die von einem Gott sprechen, der wie ein Vater im Himmel ist und uns alle zu Schwestern und Brüdern macht. In diesem Satz liegt die Begründung für den Traum von einer geschwisterlichen Welt.

Wort in den Tag

Ich schreibe diese Zeilen in einem Exerzitienkurs mit eutonischen Übungen. Die Ordensschwester beginnt den Tag mit Atemübungen. Vor den offenen Fenstern atmen wir ein großes Herz. Wir formen die Hände zu einer Schale. Beim Einatmen heben wir die Hände in die Höhe. Beim Ausatmen breiten wir sie aus und kehren zurück zur Form der Schale. Wir achten auf den Atem und zeichnen mit den Händen ein großes Herz. In dieses Herz nehmen wir bei aufgehender Sonne alle hinein, die uns am Herzen liegen.

36. Tag

Jesus ist das Suchen Gottes nach uns Menschen

Religion ist das Suchen des Menschen nach Gott. Jesus ist das Suchen Gottes nach dem Menschen. Jesus ist Gottes endgültiges JA zu uns Menschen.
Ein Lied im „Gotteslob“ (Nr. 165) spricht von der tiefen Sehnsucht des Menschen, bejaht und angenommen zu sein: „Sag ja zu mir, wenn alles nein sagt ... Denn wenn du ja sagst, kann ich leben.“ Die entscheidende Frage meines Lebens heißt: Bin ich bejaht und bin ich angenommen? In seelsorglichen Gesprächen habe ich erfahren, was es bedeutet, wenn jemand erfährt, dass er von den Eltern gar nicht gewollt war. Nur eine Panne war der Anfang seines Lebens. Der Schaden für das Selbstbewusstsein ist nur schwer zu heilen.
Es ist wichtig für unser Leben, ob Vater und Mutter uns angenommen haben. Es ist wichtig für unser Leben, ob wir einen Menschen haben, der ganz zu uns steht. Es ist wichtig für mich, ob ich daran glauben kann, dass Gott mich annimmt und bejaht, so wie ich bin. Gott hat ja zu mir gesagt! Seit ich dies weiß, brauche ich mich nicht ständig mit anderen zu vergleichen; seit ich dies weiß, brauche ich nicht mehr krampfhaft nach Anerkennung zu suchen; seit ich dies weiß, fange ich sogar an, Gott zu danken, dass er mich so erschaffen hat – auch mit meinen Schwächen.
„Sag ja zu mir, wenn alles nein sagt!“ Gottes endgültiges Ja zu uns ist Jesus Christus. Kann man es literarisch kürzer und theologisch eindeutiger sagen als der Apostel Paulus:„Gottes Sohn, Jesus Christus, ist nicht als Ja und Nein zugleich gekommen. In ihm ist das Ja verwirklicht. Er ist das Ja zu allem, was Gott verheißen hat“ (2 Kor 1,19).
Gott sagt nicht Nein. Er sagt Ja zu uns. Christus ist sein unwiderrufliches Ja. Wo Menschen sagen: verloren, da sagt Jesus: gefunden. Wo Menschen sagen: gerichtet, da sagt er: gerettet. Wo Menschen sagen: nein, da sagt Jesus: ja.
In der Heiligen Schrift finde ich viele Erzählungen und Gleichnisse, die mir das bestätigen. Der gute Hirte geht dem einen

Schaf nach, das sich verlaufen hat. Der barmherzige Vater steht an der Tür seines Hauses und wartet, bis sein „verlorener" Sohn zurückkommt. Er sieht ihn schon von weitem kommen, läuft ihm entgegen und küsst ihn.
Ein Gleichnis ist mir besonders wichtig, das vom „Unfruchtbaren Feigenbaum". (Lk 13,6-9) Seit drei Jahren steht ein Feigenbaum mitten im Weinberg und bringt keine Frucht. Der Gärtner, der für ihn und den Weinberg verantwortlich ist, wird nachdenklich; denn er kennt seinen Herrn. Er ahnt, was kommen wird. Und es kommt auch so.
Eines Tages steht der Herr des Weinberges vor dem Baum und der Gärtner neben ihm. „Drei Jahre komme ich schon, und der Baum trägt keine Frucht. Hau ihn endlich um", sagt der Herr, „er bringt nichts. Er nimmt den anderen den Platz weg. Hau ihn um!" Aber der Gärtner schüttelt den Kopf: „Nein, Herr! Können wir nicht noch ein Jahr damit warten, ein Jahr noch? Ich verspreche es. Ich werde mich um ihn kümmern. Ich grabe noch einmal drum herum und packe noch Mist drauf. Vielleicht schafft er es das nächste Jahr."
Ich würde sagen: Er ist verliebt, der Arbeiter, verliebt in einen unfruchtbaren Baum. Und darum kämpft er um ihn, hofft, dass es noch etwas wird mit den Früchten, rackert sich ab und feilscht, dass der Baum seinen Platz behält. Er tut alles, weil ihm der Baum ans Herz gewachsen ist.
Ich finde ihn sympathisch, diesen Gärtner. Ich halte ihn für ein Selbstporträt dessen, der diese Geschichte vom Baum und dem Arbeiter als Erster erzählt hat, ein Selbstporträt Jesu. Denn Jesus tritt bei Gott, seinem Vater, für uns ein. Er ist unser Verbündeter, der uns nicht aufgibt, auch wenn wir nicht erfolgreich sind und keine Früchte vorweisen können. Wenn alle Nein sagen, sagt er Ja! Das nenne ich Leidenschaft. Ich finde es ganz wichtig, einen Freund zu haben, der nicht nur nach Erfolgen wertet, sondern zu mir steht, auch wenn ich mit leeren Händen dastehe.
Bei der Taufe Jesu im Jordan öffnete sich der Himmel, und eine Stimme aus den Wolken sagte: „Das ist mein geliebter Sohn, an dem ich Gefallen habe." (Mt 3,17)
Gott sagt dies auch zu uns: Du bist mein geliebter Sohn, meine geliebte Tochter.

Ja, es gibt die Stimme der Liebe, die Stimme, die vom Himmel her und aus unserem Inneren zu uns spricht: „Du bist mein Geliebter, an dir habe ich Gefallen."
Es ist gewiss nicht einfach, diese Worte in einer Welt zu hören, die voller Stimmen ist, die schreien: „Du taugst zu nichts, du bist hässlich, du bist wertlos, bist unnütz – oder beweise gefälligst das Gegenteil!" Diese negativen Stimmen sind so laut und durchdringend, dass wir ihnen nur allzu schnell Gehör schenken.

Wenn ich aber mit innerer Aufmerksamkeit höre, vernehme ich in meiner innersten Mitte Worte, die mich ermutigen. Auch Worte der Bibel dürfen wir als direkte Anrede an uns nehmen. Ich zitiere einige Verse: Ich habe dich in den Tiefen der Erde geformt und dich im Schoß deiner Mutter gewoben. Ich habe dich in meine Hand geschrieben, habe dich im Schatten meiner Flügel geborgen. Ich blicke auf dich mit unendlicher Zärtlichkeit und sorge mich um dich mit einer Sorge, die noch viel tiefer geht als die Sorge einer Mutter um ihr Kind. Ich habe jedes Haar deines Hauptes gezählt und jeden deiner Schritte geleitet. Wo immer du hingehst, gehe ich mit dir, und wo immer du ruhst, wache ich über dich. Ich will mein Angesicht nicht vor dir verbergen. Wo immer du sein wirst, will auch ich sein. Ich habe den Engeln befohlen, dich zu behüten auf all deinen Wegen.

Wort in den Tag

Meine Bitte an diesem Tag: „Herr, sag ja zu mir, wenn alles nein sagt! Denn wenn DU ja sagst, kann ich leben und selbst ein Lied für andere sein."

37. Tag

Wege der Sehnsucht – Menschwerdung

In der franziskanischen Spiritualität steht der Weg der Armut und „Entäußerung" Jesu Christi im Mittelpunkt jeder Besinnung. Drei Meditationsbilder werden immer wieder dargestellt: Krippe und Kreuz und Eucharistie. Vor diesen „Sehnsuchtswegen" Gottes ruft Franziskus aus: „Seht die Demut Gottes!" Franz zitiert oft den Hymnus im Philipperbrief 2,5-11: „Seid untereinander so gesinnt, wie es dem Leben in Christus Jesus entspricht: Er war Gott gleich, hielt aber nicht daran fest, wie Gott zu sein, sondern er entäußerte sich und wurde wie ein Sklave und den Menschen gleich. (Inkarnation) Sein Leben war das eines Menschen; er erniedrigte sich und war gehorsam bis zum Tod, bis zum Tod am Kreuz ..."

Die Theologen aller Zeiten verkünden: „Deus semper major" – Gott ist immer größer, als wir ihn denken können. Franziskus würde sagen: „Deus semper minor." – Gott ist immer kleiner, als wir ihn fassen können. Das ist das Paradox franziskanischer Spiritualität: Gott ist der Demütige und nur so der Allmächtige. Er ist der immer noch Kleinere und nur so der Große. Er ist der Schwache und nur so der Starke. Der heruntergekommene Gott, nicht nur in der Niederkunft bei der Geburt, sondern hinabgestiegen bis in die Schattenreiche unseres Lebens.

Inkarnation, Menschwerdung ist ein Weg der Sehnsucht. Gott erscheint nicht mehr als anonyme Macht, als fremde Gewalt. Ein Gesicht wird erkennbar, ein paar Augen, ein Mund, ein Kind in der Krippe. Er begibt sich auf unsere Ebene. Er scheut sich nicht, so zu sein wie wir. Er nennt uns Schwestern und Brüder. Er teilt unser Leben, das von Geburt und Tod gezeichnet ist. Er, der anders ist als wir, ist dennoch dorthin gekommen, wo wir sind, wo Schafställe und Futterkrippen stehen, dorthin, wo Menschen hungern und frieren. Er hat den Erweis seiner Gottheit nicht dadurch erbracht, dass er alles von oben her regelt, sondern dass er mit den Ärmsten die Lasten teilt.

Weihnachten ist eine Hoffnungsgeschichte. Gott hat sich in

Bethlehem auf die Suche nach uns Menschen gemacht. Die Menschwerdung ist das Versprechen, dass Gott es mit uns Menschen gut meint. Die Inkarnation verkündet: Jeder Mensch ist Gott etwas wert, so viel wert, dass er seinen Sohn in die Welt sandte. Jesus ist Retter der Welt, auch der Heiland für uns.
Gegen die brutalen Machenschaften aller Menschheitsbeglücker, die uns nur in neue Abhängigkeit und Knechtschaft stürzen möchten, setzt Gott die Ohnmacht eines Kindes. Auf das Kind kommt es an. Wer es findet, erkennt: So ist Gott. Gott ist entgegen aller Erwartung. Gott ist alltäglich und geheimnisvoll wie ein Kind. Gott ist so mächtig und ohnmächtig wie ein Kind. Nicht von oben, sondern von unten kommt das Heil.
Gottes Sohn wird als Kind in einem Stall geboren. Das ist der Weg der Sehnsucht Gottes. Er steigt hinab bis in den Stall unserer Seele. Er stellt unser Selbstbild auf den Kopf. C. G. Jung weist öfters daraufhin: „Der Mensch soll immer daran denken, dass Christus im Stall geboren wurde." Für ihn ist das ein Symbol dafür, dass Gott auch in uns geboren werden kann, wenn wir den Mut haben, den „Stall in uns" anzuschauen. Er ist Bild für das Unaufgeräumte, das Chaos in uns; für das, was nicht gut riecht, was uns peinlich ist, was wir am liebsten vor uns selbst und vor anderen verbergen möchten.
Der Weg zum göttlichen Kind führt über und durch den eigenen Stall unserer Seele. Er führt durch die Schatten, durch all das Verdrängte, das wir vom Leben ausgeschlossen haben. Erneuerung verlangt das ehrliche Anschauen des Dunkels in uns.
Inkarnation ist der Sehnsuchtsweg Gottes zu uns. Er ist Mensch geworden. Mit menschlichem Antlitz schaut er nach uns. Jedes Gesicht ist jetzt heilig. Wenn wir das verstehen wollen, dann müssen wir unseren Blick bekehren. Für diesen neuen Blick brauchen wir mehr und anderes als gesunde Augen oder gute Augengläser. Der Blick des Herzens erkennt in jedem Gesicht den Glanz des Himmels. Jedes Gesicht ist eine Ikone Gottes. Nur in Ehrfurcht und Achtung können wir dann dem anderen begegnen. Jedes Gesicht ist außergewöhnlich, es gibt kein gewöhnliches Gesicht, kein Dutzendgesicht, denn jedes Gesicht ist eine Offenbarung des unendlichen Gottes. Jedes Gesicht ist eine Erscheinung des Herrn. Der Ort seiner Epiphanie ist das Gesicht

des Menschen, ist der Stall in uns, ist die Ohnmacht eines Kindes. Gott ist zum Staunen.

Wort in den Tag

Jedes menschliche Gesicht ist heilig. Heute werde ich vielen Gesichtern begegnen. Ich möchte sie sehen und ansehen.

38. Tag

Gründonnerstag: Wege der Sehnsucht – die Eucharistie

„Ich habe mich sehr danach gesehnt, vor meinem Leiden dieses Paschamahl mit euch zu essen." (Lk 22,15) Am Abend vor seinem Tod beim „letzten Abendmahl" spricht Jesus von der Sehnsucht seines Herzens. Er will seinen Jüngern ein Zeichen geben, das seine ganze Liebe umfasst. Er bricht das Brot; er reicht den Becher mit Wein. „Tut dies zu meinem Gedächtnis!"

Eucharistie ist der Sehnsuchtsweg Christi zu uns. „So sehr hat er die Welt geliebt", dass er sich als Stück Brot in unsere Hände ausliefert. Er macht sich klein und ohnmächtig, um auf den mühsamen Wegen unseres Lebens Nahrung und Kraftquelle zu sein. Das ist sein Sehnsuchtsweg der Liebe, die „Entäußerung". Franz von Assisi staunt über diese Demut Gottes. Er sagt: „Der Herr des Alls, Gott und Gottes Sohn (nach Joh 11,27), demütigt sich. Für unser Heil verbirgt er sich in der winzigen Gestalt des Brotes. Seht die Demut Gottes!" (Epistola toti Ordini missa, 23-29)

Und in seinen Ermahnungen an seine Brüder schreibt Franziskus: „Täglich erniedrigt er sich (Phil 2,8). Wie er einst vom königlichen Thron (Weish 18,15) in den Schoß der Jungfrau kam. Täglich kommt er zu uns. Er zeigt sich in Demut. Täglich steigt er herab aus der Geborgenheit des Vaters auf den Altar in die Hände des Priesters." (Erm. 1,16-22)

Auch Thomas von Aquin ist ergriffen vom «mysterium fidei»: „Gottheit tief verborgen, betend nah ich dir ... weil vor solchem Wunder ich nur Armut bin." (Hymnus von Thomas von Aquin, 13. Jh.)

Am Abend vor seinem Tod nahm Jesus Brot in seine Hände und brach es. Er wusste um den Verrat. Am letzten Abend feierte er mit seinen Jüngern das Paschamahl. Seine ganze Liebe und Hingabe legte er hinein. „Ihr dürft mich nicht vergessen! Ihr müsst euch immer wieder erinnern an meine Worte und an meine Liebe. Und wenn ihr das Brot brecht, dann bin ich bei euch. Denn ich selbst bin das Brot, gebrochen und gestorben für euch."

Kann man es schöner sagen als im Zeichen des gebrochenen Brotes? Brot – Frucht der Erde und der menschlichen Arbeit. Alltägliches Brot, das nur gut schmeckt, wenn wir es teilen. Brot kann sehr Unterschiedliches bedeuten. Im Bäckerladen ist Brot eine Ware, die man verkaufen will. Wenn die Mutter das Brot auf den Tisch bringt, wird es ein Nahrungsmittel, das wichtigste Lebensmittel, das uns sättigt. Freunden setzt man ausgesuchte Brotsorten vor. Brot wird zum Zeichen der Gastfreundschaft.

Ein Mann erzählte mir von den schrecklichen Gefangenenlagern in Sibirien. Auf dem langen Marsch durch die Schneewüste konnte sein Kamerad nicht mehr weiter. Er nahm sein letztes Stück Brot und gab es ihm. „Vielleicht schaffst du es!" Das Brot seines Freundes, der sein Leben in der Schneewüste Sibiriens verlor, schenkte ihm das Leben. Jahrelang konnte er kein Brot essen, ohne an seinen Freund zu denken.

Wir nehmen dieses Brot ernst. Es ist das Vermächtnis seiner Liebe. Hochheiliges Zeichen in unüberbietbarer Realität. Bis zum letzten Krümel nehmen wir es ernst. Es ist nicht wie das Manna, das unsere Väter gegessen haben und doch gestorben sind. „Wer von diesem Brot isst, wird leben in Ewigkeit." (Joh 6,51)

Der Christ lebt nun unter dem Zeichen des gebrochenen Brotes, denn viel wird geheilt und verwandelt, wenn auch wir unser Brot und unser Leben mit anderen teilen. Die Eucharistie überwindet das Kreisen um die eigenen Sorgen. Eucharistie ist gemeinschaftsstiftend. Bei der Einweihung des Obdachlosentreffs in Liebfrauen in Frankfurt sagte der Bischof: „Das Brot, das wir auf dem Altar brechen, steht im direkten Zusammenhang mit dem Brot, das nebenan im Franziskustreff die Armen dieser Stadt essen." Solidarität und Teilen sind eine Konsequenz aus der eucharistischen Feier.

Für mich ist die Feier der Eucharistie eine Quelle, die mich leben lässt. Eucharistie ist ein eschatologisches Zeichen, das meine Sehnsucht nach einer heilen, besseren Welt nährt. Ein Satz ist mir besonders hilfreich. In der Eucharistie „feiern wir, was uns fehlt." Wir feiern Versöhnung, obwohl der Streit manchmal durch unsere Reihen geht. Wir feiern den Frieden, obwohl Menschen auch heute an Gewalt und Terror sterben. Wir feiern die Liebe, obwohl Lieblosigkeit die Herzen hart macht.

Wir feiern, was uns fehlt. Wenn ich auf dem Altar das heilige Brot teile, dann denke ich oft an dieses Wort. Indem wir Frieden und Versöhnung feiern, begreifen wir, es muss nicht so bleiben, wie es vorgibt zu sein. Es gibt eine Alternative, eine neue Wirklichkeit. Eucharistie ist ein Vorgriff und ein Entwurf des Mahles im Reiche Gottes, wo alle an einem Tisch sitzen. Im Zeichen des geteilten Brotes muss ich mich heute aufmachen, Frieden und Versöhnung Raum zu verschaffen. Im Zeichen des Brotteilens werde ich in der Liturgie meinem fremden Nachbarn beim Friedensgruß meine Hand reichen, einem Menschen, der mich bisher vielleicht nicht interessierte. Die Anonymität in unserer Gesellschaft wird durch ein Zeichen verändert. Die Christusgemeinschaft vollzieht sich als Christengemeinschaft. Communio (bei Paulus: «koinonia») ist ein Grundbegriff christlichen Selbstverständnisses.
Mich berührt der Gedanke von Teilhard de Chardin immer wieder neu: „Die sakramentale Hostie wird umhüllt mit der unendlich viel größeren Hostie, die nichts weniger ist denn das Universum selbst." Die ganze Welt ist unser Altar bis in die Abgründe der Erdgeschichte vom Alpha bis zum Omega der Schöpfung, die sich ständig wandelt. Und wir feiern die Wandlung in der Eucharistie – Mysterium fidei. Wir selber werden in diese Verwandlung hineingezogen. Wie in einem Brennspiegel sammeln sich die Kräfte der Verwandlung in der Eucharistie. Himmel und Erde berühren sich. Schöpfer und Geschöpf begegnen sich im Liebesmahl, der innigsten Vereinigung und höchsten Vollendung. Der eucharistische Christus durchdringt den Kosmos, heiligt die Materie. Und so verklärt die Eucharistie unsere Welt nach und nach: Die Messe ist „ein Ereignis des Weltalls, die Krönung ihrer Schönheiten, ihrer Anstrengung, ihres Leidens und ihrer geheimen Sehnsucht."

Wort in den Tag

Am Gründonnerstag wird die Einsetzung des Abendmahles in der Liturgie am Abend gefeiert. Ich bin eingeladen.

39. Tag
Karfreitag: Wege der Sehnsucht – das Kreuz

„Du brennender Gott in Deiner Sehnsucht", schreibt die Mystikerin Mechthild von Magdeburg. Die Sprache der Mystik ist nicht leicht zu verstehen. Die Wunden des Gekreuzigten sind untrügliche Zeichen der Sehnsucht Gottes nach einem jeden von uns.

„Herr, Du bist allzeit liebeskrank nach mir,
Das hast Du wohl bewiesen an Dir:
Du hast mich in die heilige Wunde Deines Herzens eingegraben
Um mich nimmer zu vergessen,
Und in Deine Hände, um Deine Gnade mir auszuteilen,
Und in Deine Füße, um nimmer von mir loszukommen."

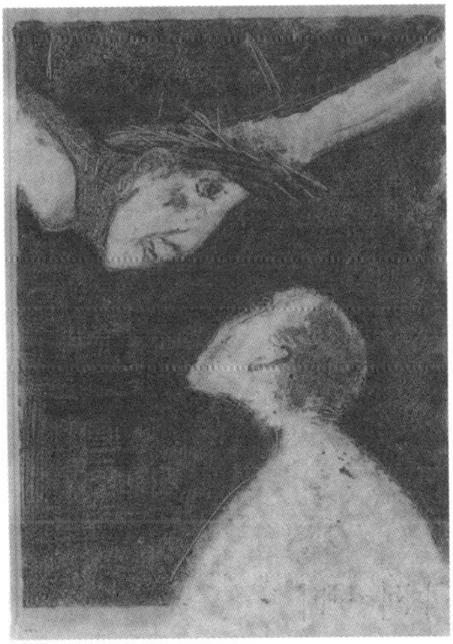

In einem Kunstwerk unserer Tage von Hildegard Schürk-Frisch wird Ähnliches bildlich dargestellt. Der Mensch, dessen Haltung ganz Sehnsucht ist, hält Ausschau. Gesicht und Ohr sind zur Begegnung ausgerichtet. Der Gekreuzigte neigt sich herunter. Seine Arme spannt er bis zum Äußersten. Seine angenagelten Hände müssen schmerzen.

Sehnsucht begegnet der Sehnsucht. „Ich bin die Sehnsucht in dir!" „DU bist die Sehnsucht in mir." „Lass dein Angesicht leuchten, dann ist uns geholfen!" (Ps 80,4)

Das Kreuz ist das deutlichste Zeichen der brennenden Sehnsucht Gottes nach uns. Schon am Ursprung seiner Offenbarung, dem brennenden Dornbusch, erscheint er in den Dornen. In der Tradition Israels erzählte man: „Gott hat den Berg verlassen und wählte den Dornbusch als Ort der Erscheinung, den Strauch,

der voller Dornen und Stacheln war, weil er Israels Bedrängnis sah. Er nahm Anteil an seiner Not.“ Der geringste Strauch, der hinterste Winkel, der letzte Platz ist gut genug als Ort der Erscheinung, als Wohnung für Gott.
Ist das nicht eine wichtige Zusage auch für unsere Zeit: Ein Gott, der an unserer Not Anteil nimmt? Ein Gott, der Dornen als Ort seiner Epiphanie, als Ort seiner Erscheinung wählt?
Später wird der Sohn Gottes als der mit Dornen Gekrönte in der Mitte seiner Schergen stehen. Der Evangelist Matthäus schreibt: „Sie flochten einen Kranz aus Dornen, den setzten sie ihm auf … Sie verhöhnten ihn, indem sie riefen: Heil dir, König der Juden!“ (Mt 27,29) Der König mit der Dornenkrone ist in Wahrheit unser Bruder in den Dornen, der unsere Not teilen will.
Nun können wir erfahren: Selbst dort, wo die „Dornen und Stacheln“, wo die Bedrängnisse des Lebens sind, da ist Gott. Gott will uns nahe sein. Der mitgehende Gott bis an den Horizont unserer Geschichte. Er stellt sich zu uns, wo immer wir sind. Er bleibt bei uns, auch wenn wir uns verstrickt haben. Wenn einer in den Dornen festsitzt und ein Mensch sagt: „Ich bleibe bei dir, ich lasse dich nicht im Stich, ich bin für dich da auch in deiner Not und Bedrängnis“, dann handelt er wie Gott.

Wort in den Tag

„Ich bin die Sehnsucht in dir!“ „DU bist die Sehnsucht in mir.“
„Immerfort empfange ich mich aus Deiner Hand. Das ist meine Wahrheit und meine Freude. Immerfort blickt Dein Auge mich an, und ich lebe aus Deinem Blick, Du mein Schöpfer und mein Heil. Lehre mich, in der Stille Deiner Gegenwart das Geheimnis zu verstehen, das ich bin. Und das ich bin durch Dich und vor Dir und für Dich.“

Romano Guardini

40. Tag

Karsamstag: Lockruf der Liebe

Wenn er sich auf die Suche nach uns Menschen macht, müssen wir auf seine „Wege der Sehnsucht" antworten. Wenn Gott unser Herz verwundet mit der Sehnsucht, damit wir ihn nie vergessen, wenn er sogar seinen Sohn sendet und Mensch werden lässt, dann müssen wir ihm Wohnung bereiten auch im eigenen Herzen. Im Johannesbrief heißt es: „Die Liebe Gottes wurde unter uns dadurch offenbart, dass Gott seinen einzigen Sohn in die Welt gesandt hat, damit wir durch ihn leben." (1 Joh 4,9)

Welche Schritte und Wege gibt es, meiner Sehnsucht zu folgen? Wie geht die Spurensuche nach den Zeichen seiner Liebe? Johannes Bours, der Spiritual im Priesterseminar Münster war, erzählte in einem seiner Bücher: „Vor kurzem wurde mir ein kleines Buch geschenkt, dessen Titel mich sofort gefangen nahm, wie kaum sonst ein Buchtitel. Und wenn ich nun diesen Titel nenne, dann wird es Ihnen möglicherweise ähnlich ergehen; er heißt: „Die Kunst, sich in Gott zu verlieben." Mein Gott, dachte ich, wenn es das gibt, die Kunst, sich in Gott zu verlieben, wäre das nicht die schönste und höchste Kunst, die man sich denken kann? Ich kannte wohl ein vielgelesenes Buch eines Psychologen mit dem Titel: „Die Kunst des Liebens", aber nun: „ Die Kunst, sich in Gott zu verlieben"!

Wenn das eine Kunst ist, muss es auch Regeln geben, wie man diese Kunst, sich in Gott zu verlieben, lernen kann. Wie es Regeln gibt, um die Kunst des Geigespielens zu erlernen, so sollte es Übungen geben, um der Sehnsucht nach Gott Raum zu geben. Was sind solche Regeln auf dem Weg meiner Gottsuche? Die wichtigste Regel scheint mir, dass wir achtsam leben.

Am Anfang der Heilsgeschichte konnte Gott sich zeigen, weil einer aufmerksam lebte. Mose tat etwas ganz Alltägliches: Er hütete Schafe in der Steppe. Es ist nichts Besonderes, dass sich in der Gluthitze der Wüste ein Dornenstrauch entzündet. Doch Mose hatte Augen für das Außergewöhnliche, denn der Dornbusch brannte und verbrannte doch nicht. „Ich will dorthin gehen und mir die außergewöhnliche Erscheinung ansehen", sagte Mose (Ex 3,3). Auf den ganz gewöhnlichen Wegen unseres Lebens können wir die Spuren Gottes entdecken. Denn die ganze Schöpfung ist voller Gesang. Wenn unsere Augen sehen und unser Herz staunen kann, dann leuchtet ein Stück Himmel in unseren Alltag hinein.

Wie zeigt sich Gott? Wo wohnt er heute? Im Grunde müssen wir zwei Dinge immer wieder neu lernen: die Aufmerksamkeit und die Sinnlichkeit. Es gibt keine Erkenntnis, die nicht bei unseren fünf Sinnen ihren Anfang nimmt. Das wussten die großen Theologen des Mittelalters. Sie machten daraus ein Erkenntnisprinzip: omnis cognitio a sensu – alle Erkenntnis beginnt mit der sinnlichen Wahrnehmung – auch die Erkenntnis Gottes. Das bedeutet: Ich muss meine Sinne schulen, damit ich sensibel werde: „Trinkt, oh Augen, was die Wimper hält, von dem goldenen Überfluss der Welt", schreibt Gottfried Keller. Sehen, hören, riechen, tasten, schmecken – die fünf Sinne sind die Brücken, über die Gott zu uns kommt.

Zur Sinnlichkeit des Leibes kommt die Aufmerksamkeit des Geistes. Ein Gedanke kann uns fesseln, eine Sache kann uns in ihren Bann ziehen, ein Mensch fasziniert uns. Verliebte leben besonders aufmerksam. Sie achten auf die Zeichen des anderen. Keiner öffnet sein Geheimnis, gibt seinen Reichtum her, wenn man ihn nicht anschaut mit Augen der Liebe. Wo wir mit offenen Sinnen und aufmerksamen Herzen leben, da offenbart sich ein größeres Geheimnis. Denn wir wohnen am Rand des Mysteriums.

Gott kommuniziert mit seinen Geschöpfen auf mannigfaltige Weise. Er ergreift nicht nur die Initiative am Anfang der Schöpfung und überlässt danach den Kosmos, die Erde und alles, was lebt, ihrem Lauf. Er zieht sich nicht zurück, fern über die Wolken. Mit dem Begriff des „Schöpfers" ist das dauernde Bejahen und Tragen der Kreatur durch Gott mitgemeint. Alles, was existiert, wird durch Gott in jedem Augenblick bejaht und im Dasein gehalten. Das bedeutet, dass auch der Mensch von Gottes Liebe immer umfangen ist. „In ihm leben wir, bewegen wir uns und sind wir", sagt Paulus (Apg 17,28).

Von Gott geht eine Kraft aus, die die ganze Welt durchdringt und umarmt. Die Schöpfung ist seine Schönschrift. Sein Werben

um uns, sein Lockruf erreicht auch den, der ihm den Rücken zugekehrt hat. Gottes Liebe drängt den Menschen von „innen" her, Liebe zu haben, Liebe zu sein, den Schritt über sich selbst hinaus zu wagen, ein Mensch auch für andere zu sein.
Sind solche Grundüberlegungen zum Verhältnis Gottes zu seiner Schöpfung richtig, dann kann der Schöpfer zu allem Geschaffenen „unmittelbar" in Beziehung treten. Die Mystiker sprechen von dieser unmittelbaren Berührung durch Gott. Gottes Herrlichkeit ist in uns, und das Herz ist die Wohnung seiner Liebe. Der Weg führt also nach innen, „in das Prunkgemach unserer Seele" (Teresa von Avila). Man darf sich nur nicht ablenken lassen von den Irrlichtern und Reklamen der „Marktplätze". Teresa von Avila sagt es so: „Und wenn dein Sehnen mich nicht findet, dann such nicht dort und such nicht hier; gedenk, was dich im Tiefsten bindet, und, Seele, suche Mich in dir."
Gott kommt auf vielen Wegen zu uns, erleuchtet unseren Verstand, berührt unser Herz. Er versteht es, wie ein genialer Komponist auf allen Tasten des Klaviers die Melodien von seiner Herrlichkeit und seiner Liebe zum Klingen zu bringen. Nicht nur in der mystischen Versenkung zeigt sich Gott, sondern im Hören seiner Worte, im Sehen und Staunen über seine Wunder, im Empfinden seiner Liebe, die das Herz schneller schlagen lässt.
Die englische Dichterin Elizabeth Barret Browning beschreibt diese Wahrheit mit folgenden Zeilen:

Die Erde ist mit Himmel vollgepackt,
und jeder gewöhnliche Busch brennt mit Gott. –
Aber nur der, der es sieht, zieht die Schuhe aus.
Die anderen sitzen herum und pflücken Brombeeren.

Wort in den Tag

Bin ich wie ein „Brombeerpflücker", oder habe ich wache Augen und ein achtsames Herz, um die „Kunst, sich in Gott zu verlieben" zu lernen? Denn Gott „umarmt uns mit der Wirklichkeit." (Alfred Delp)

Heute wirst du mit mir im Paradies sein

Ostern
Heute wirst du mit mir im Paradies sein

„Dann sagte der Schächer: Jesus, denk an mich, wenn du in dein Reich kommst. Jesus antwortete ihm: Amen, ich sage dir: Heute noch wirst du mit mir im Paradies sein.“ (Lk 23,42-43)
Dies Wort ist die Erfüllung all meiner Sehnsucht. Dies Wort öffnet mir die Tür zum Himmel.
Das Paradies ist ein Bild für das Ziel unserer Sehnsucht. Das Paradies ist keine billige Vertröstung. Jesus verspricht es dem Schächer, dem Verbrecher, der mit ihm gekreuzigt wird. Der Auferstandene öffnet auch uns die Tore des Paradieses.
Wenn Gott in seiner Sehnsucht nach uns sich auf die Suche nach den Menschen macht und Heilsgeschichte eine Beziehungsgeschichte der Liebe ist, dann macht er uns zu Erben seiner Herrlichkeit. Jesus Christus, der Menschgewordene, Gekreuzigte und Auferstandene, ist die Brücke, die Himmel und Erde verbindet. Und weil Gott alle Menschen erreichen möchte, hat er die Sehnsucht tief in unsere Herzen eingepflanzt. Sie ist die charmante Art, wie er sich bei uns in Erinnerung hält.
Die Verheißung und Vision des Paradieses verändert unsere Wirklichkeit. Denn ohne Visionen geht jedes Volk zu Grunde. Unsere Welt ist kein Keller ohne Fenster. Das Licht fällt hinein in unsere Dunkelheit. Das hat Christiane Herrholz so ausgedrückt:

Auferstehung

Sehnsucht nach Leben
Grenzen des Todes
Sehnsucht nach Freiheit
Mauern der Zwänge
Sehnsucht nach Heilung
Dornen der Zerrissenheit
Sehnsucht nach Frieden
Grenzen des Hasses

Sehnsucht nach Versöhnung
Mauern der Schuld
Sehnsucht nach Liebe
Dornen der Angst

Wer kann die Grenzen eröffnen,
die Mauern zerbrechen,
die Dornen überwinden?

Der Engel sprach zu den Frauen am Grab:
„Was sucht ihr den Lebenden bei den Toten?
Jesus ist nicht hier, er ist auferstanden!"

Seitdem ist alles anders:
Grenzen – eröffnet
Mauern – zerbrochen
Dornen – überwunden

Verschlungen ist der Tod vom Sieg.
Tod, wo ist dein Sieg?
Tod, wo ist dein Stachel?

Unsere Sehnsucht kann Erfüllung finden.
Unsere Hoffnung wird nicht vergeblich sein.

Gott sei Dank.

Christiane Herholz

Bildnachweis

S. 57: © Maria Rattmann
S. 119: © Hildegard Schürk-Frisch, Monotopie, Münster

Fotographien von Christophorus Goedereis, www.goedefotos.com

S. 9: Aschermittwoch: In der Entbehrung wächst das Verlangen
Foto: „Großstadtschluchten“, New York City, Manhatten 2006
S. 19: 1. Fastenwoche: Sehnsucht – Annäherung durch die Literatur
Foto: „Sandalen der Sehnsucht“, St. Georgen am Längsee (Kärnten/Österreich) 2006
S. 35: 2. Fastenwoche: Codewort Sehnsucht
Foto: „Von der Sehnsucht, ein anderer zu sein“, Salzburg 2006
S. 51: 3. Fastenwoche: Ungestillte Sehnsucht
Foto: „Beziehungskiste“, Genf 2006
S. 69: 4. Fastenwoche: Vision – Schwester der Sehnsucht
Foto: „Kindliche Entdeckungsreise“, Sylt 2006
S. 85: 5. Fastenwoche: Gott suchen
Foto: „Lichter der Hoffnung“, Köln 2006
S. 105: Karwoche: Gottes Leidenschaft ist der Mensch
Foto: „Die Unsichtbaren im Bild“, Amsterdam 2006
S. 125: Ostern: Heute wirst du mit mir im Paradies sein
Foto: „Horizonte", Zandvoort 2006

Quellennachweis

S. 12: Bertolt Brecht: Geschichten vom Herrn Keuner. Suhrkamp Verlag, Frankfurt am Main 1988
S. 13: Günter Kunert, Erinnerungen an einen Planeten, Carl Hanser Verlag, München-Wien 1962
S. 15: Andrea Schwarz, Quelle unbekannt
S. 16: Augustinus, Bekenntnisse I,1
S. 20f: Käthi Hohl-Hauser, Quelle unbekannt
S. 22: Nelly Sachs, Alles beginnt mit der Sehnsucht in: Suche nach Lebenden. Die Gedichte der Nelly Sachs, © Suhrkamp Verlag Frankfurt am Main 1971
S. 25: Martin Gutl, Der tanzende Hiob, Verlag Styria, Graz-Wien-Köln 5. Aufl, 1986
S. 27: Guy de Larigaudie, Stern auf hoher See, © Roven Verlag, Olten (CH) und München 1964
S. 28: nach Hermann Hesse, Siddhartha
S. 29f: © Gruppe SOMA, Marl, aus der CD: Parzifal
S. 30: Wolf Biermann, Preußischer Ikarus, © Kiepenheuer & Witsch, Köln 1978

S. 32: Bamm, Peter, Eines Menschen Einfälle, München 1986
S. 36: Augustinus, Bekenntnisse I,1
S. 39: Christian Morgenstern, aus: Tagebuch eines Mystikers, in: Gesammelte Werke Bd. III, Hg. v. Clemens Heselhaus, Seehamer, Weyarn 1998
S. 42: Neue Gespräche 27, Heft, 1997
S. 43: Günter Eich, Träume
S. 44: vgl. Zulehner, Paul. M., Megatrend Religion, Welche Religion kehrt zurück?, in: Erich Purk (Hrsg.) Ortswechsel, Auf neue Art Kirche sein, Verlag Katholische Bibelwerk, Stuttgart 2003
S. 45f: Quelle unbekannt, zitiert nach: Erich Purk, Wasser schenk mir dein Geheimnis, Verlag Katholische Bibelwerk, Stuttgart 2004
S. 48: Ernesto Cardenal, Das Buch von der Liebe, © Peter Hammer Verlag, Wuppertal 2004
S. 48f: Teresa von Avila, Gott spricht ..., aus: Fransisco de Osuna, ABC des kontemplativen Betens, S. 11, übersetzt von Erika Lorenz, ©Verlag Herder, Freiburg im Breisgau 2002
S. 53: Ernesto Cardenal, Das Buch von der Liebe (s.o.)
S. 54: Erich Fried, Was es ist, aus: Es ist was es ist. © Verlag Klaus Wagenbach, Berlin 1983, Neuauflage 1996
S. 58f: Raphael Hombach, Auf dem Wege, Aphorismen, Leutersdorf 1980, © Paulinus Verlag GmbH, Trier
S. 61f: Ernesto Cardenal, Das Buch von der Liebe (s.o.)
S. 62: Wilhelm Willms, Lichtbrechung, © Verlag Butzon & Bercker, Kevelaer 1982
S. 66: Friedrich Nietzsche, Also sprach Zarathustra, Zarathustras Vorrede 3
S. 75: Stefan Andres, Wir sind Utopia, © Piper Verlag, München 1996
S. 77: Oscar Wilde, Der Sozialismus und die Seele des Menschen
S. 86: Dietrich Bonhoeffer, Das Gebetbuch der Bibel, Eine Einführung in die Psalmen
S. 89: Alfred Delp, Gesammelte Schriften, hrsg. von R. Bleistein
S. 92: Silja Walter, Gebet, in: Das Kloster am Rande der Stadt © Verlag der Arche, Zürich 1980
S. 98: Helga Rusche, Quelle unbekannt
S. 103f: Wolfram Weimer, Credo – Warum die Rückkehr der Religion gut ist, © DVA, München 2006
S. 104: Lothar Zenetti, Auf seiner Spur, © Matthias Grünewald-Verlag, Mainz 2000
S. 121: Bours, Johannes, Der Mensch wird des Weges geführt, den er wählt. Geistliches Lesebuch, Freiburg i. Br. 1968
S. 123: Elizabeth Barret Browning, The Poetical Works, New York 1910
S. 126f: Christiane Herholz, Auferstehung © Christiane Herholz, Kiel 2006